江安海 编著

从零开始玩数独

拉丁方阵　聪明方格
杀手数独　标准数独

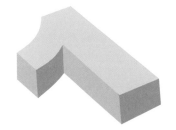

化学工业出版社

·北京·

图书在版编目（CIP）数据

从零开始玩数独 / 江安海编著. — 北京：化学工业出版社，2017. 1（2019. 5 重印）
ISBN 978-7-122-28732-8

Ⅰ. ①从… Ⅱ. ①江… Ⅲ. ①智力游戏-青少年读物 Ⅳ. ①G898. 2

中国版本图书馆CIP数据核字（2016）第312380号

责任编辑：旷英姿　　文字编辑：颜克俭
责任校对：王　静　　装帧设计：史利平

出版发行：化学工业出版社（北京市东城区青年湖南街13号　邮政编码100011）
印　　装：中煤（北京）印务有限公司
710 mm×1000 mm　1/16　印张13¾　字数171千字　2019年5月北京第1版第4次印刷

购书咨询：010-64518888　　售后服务：010-64518899
网　　址：http://www.cip.com.cn

　　3×3排列的表格被称为九宫格，3×3排列的九宫格是标准数独的游戏盘面。按一定的规律，预先在游戏盘面上填上若干个提示数字，就能让它成为一道有趣的数学游戏习题。接下来，游戏玩家在剩下的格子里填上1~9，使每个数字在每一行、每一列以及每个九宫格里出现并只出现一次。在世界的各个角落，每时每刻，正有许多人为它如痴如醉。

　　标准数独的流行衍生出了许多变型数独游戏，聪明方格和杀手数独是变型数独中具有代表性的两种。广义上讲，数独游戏可以泛指数独及其变型游戏。

　　聪明方格（Kenken）将拉丁方阵的游戏规则和加减乘除四则运算结合在一起，是一项可以开发大脑潜能、提高思考注意力的益智游戏。聪明方格的发明者是日本人宫本哲也，他是一名优秀的算术老师。宫本老师将设计好的聪明方格分发给学生，不作任何的指导和提示，让学生独立地思考并解决这些游戏。据报道，宫本老师的学生在日本首都圈重点中学有高达80%以上的升学率。

　　杀手数独（Killer Sudoku）结合了加法运算、数字组合以及标准数独的玩法。杀手数独与标准数独最大的区别在于游戏给定的初始条件，标准数独给定的初始条件是提示数，而杀手数独给定的初始条件是区及其区内数字之和。在杀手数独中，因为规定给定区内数字不重复，从另一角度看，行、列和宫也可以认为是一种特殊的给定区。

聪明方格只需要四则运算，杀手数独只需要加法运算，这都是小学一二年级的知识。高阶数独看起来有些"复杂"，但是，这些"复杂"源于平常思维训练的"懒惰"。平常看起来简单至极的知识，会让我们不屑一顾而疏于整理，其结果就是当需要综合运用这些知识进行决策时，竟然感觉到"复杂"，甚至难于上青天。

现在，很多学校的数学老师都在为学生布置数独作业，因为经常玩数独，对于中小学生启迪数学思维以及提高学习兴趣，大有裨益。

首先，数独能训练观察能力。毋庸置疑，即使学习再多的解题技巧，如果无法观察出这些技巧的应用条件，就无法有效地应用起来。玩数独游戏，有条不紊、周密细致的观察能力是关键。

其次，数独能培养逻辑思维能力。逻辑推理讲究周密和准确，玩数独游戏，每一步都需要充分利用盘面的条件，严格考察应用条件，充分分析各种可能，然后进行准确无误的推导；否则，一旦出错就要推倒重来，相信这种"惨痛"的经历一定让很多人印象深刻。

最后，数独能提升我们的记忆能力。玩数独游戏，大脑将迅速地进行数字组合、信息处理、策略选择等诸多思考，大脑的神经元之间会广泛地建立联络，日积月累，就会提升大家的记忆能力。

本书力求做到：例题精选，解读细致；技法详尽，简明实用。本书的目的是让读者从零基础开始，学数独，玩数独。

由于时间及水平所限，书中不当之处在所难免，敬请读者指正。

编著者

2016年11月

目 录

第五章　标准数独：数字侦探的乐趣

第六章　九阶杀手数独：权力的游戏

附录　参考答案

第一章

拉丁方阵：
填数字游戏的起源

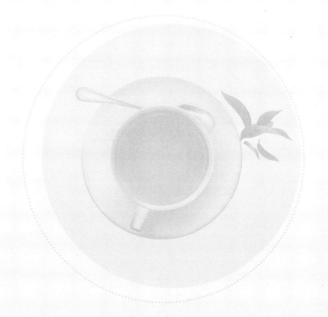

18世纪，欧洲的普鲁士王国的腓特烈大帝希望组建一个由36名军官组成的仪仗队。这些军官来自6支不同的部队，军衔分别是上校、中校、少校、上尉、中尉、少尉共6种。国王设想将这36名军官排列成一个6行6列的方阵，要求方阵的每一行和每一列的军官中，分别来自6支不同的部队，还要包含6种不同的军衔。但是，腓特烈大帝及其部下忙活了好多天，绞尽脑汁也排不出来，只能向当时最有名的大数学家欧拉求助。欧拉经过仔细研究以后，告诉腓特烈大帝：这样的方阵根本排不出来！

这就是欧拉方阵的由来，因为欧拉在研究中用拉丁字母表示方阵中的元素符号（例如故事里的部队和军衔），欧拉方阵也被称为拉丁方阵（Latin Square）。

拉丁方阵是流行的填数字游戏（例如标准数独、聪明方格和杀手数独等）的起源。

三阶拉丁方阵

在上述"36名军官"的故事中，存在两种元素（部队和军衔），每种元素都有6种符号，属于正交拉丁方阵的构造问题。

现在，我们从单一元素的三阶拉丁方阵开始学习。

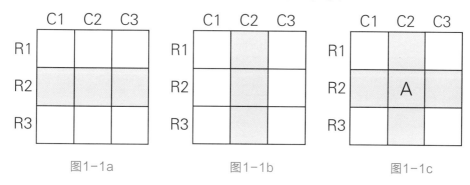

图1-1a   图1-1b   图1-1c

如图1-1a所示，三阶拉丁方阵列的游戏盘面是一个九宫格，有三行，分别标记为R1、R2和R3，例如R2就代表第二行。

同时，如图1-1b所示，九宫格还有三列，分别标记为C1、C2和C3，例如C2就代表第二列。

为了表述的方便，如图1-1c所示，用方格所在的行号和列号标记它的坐标。例如，图中方格A的坐标可以标记为R2C2。

拉丁方阵的填数字游戏，需要给定已知条件，在某些方格中预先给定的数字，被称为**提示数**。

三阶拉丁方阵的游戏规则

在一个三行三列（3×3）的九宫格中填入1、2、3这三个数字，要求每一行和每一列中都要出现1、2、3这三个数字。

根据给定的提示数，每个方格中的数字唯一。

 例题1.1

如图1-2所示，这是一个三阶拉丁方阵填数字游戏，在九宫格中已经填了三个数字了，要求每一行和每一列中，都要出现数字1、2、3。

3	2	
	1	

图1-2

解答 ▶▶▶

拉丁方阵要求每个数字在行和列中都要出现，一行（列）中，有三个方格，数字也是三个，根据抽屉原理，数字不能重复。

第1步：如图1-3所示，第一行的方格R1C1中的数字是3，为了描述方便，简记为R1C1=3；同时，R1C2=2。第一行已经出现了数字3和2，这样，根据规则，第一行中唯一的空格R1C3=1。

这种解题方法我们称为**行唯一法**。在行（或列）中，大部分的方格都已经被填上了数字，只剩下一个空格时，这个空格中的数字也就确定了，就是该行（或列）中唯一没有出现的数字。这是对拉丁方阵规则的基本应用。

第2步：如图1-4所示，观察第一列，已经出现了数字3和1，因此，第二行第一列的空格R2C1=2。

这和行唯一法的原理完全相同，被称为**列唯一法**。

3	2	①
1		

图1-3

3	2	1
②		
1		

图1-4

第3步：如图1-5a所示，★所在的空格R3C2同时属于第三行和第二列。

在拉丁方阵中，同一行或同一列中的数字不能重复，如果两个方格同属于一行或一列，即意味着同行或列的方格中三个数字各不相同。

也就是说，空格R3C2中的数字与它同行同列的方格（图1-5a的阴影部分）中的数字都不相等。

在拉丁方阵中，如果方格A与另一个方格B同属于一行或者同属于一列，那么，方格B就是方格A的**同位格**。方格A的所有同位格组成了一个集体，这个集体就是方格A的**同位群**。

特别地，对于游戏盘面上的一个空格，在它的同位群中暂时还没有确定出现的数字被称为这个方格的**余数**。其中，确定出现的数字是指方格中的提示数和已经解出的数字，还包括同位群中区块上的数字。

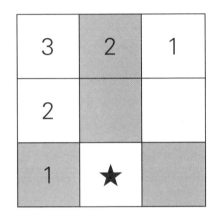

图1-5a

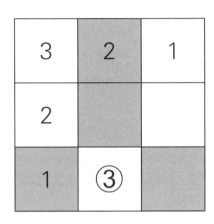

图1-5b

如图1-5b所示，空格R3C2的同位群中，已经出现了数字1和2，因此，空格R3C2的余数只有数字3，是唯一的，可以确定，R3C2=3。点算某空格的余数，当余数唯一时，这个空格中的数就是这个唯一的余数，这种方法被称为**余数唯一法**。

第4步：如图1-6所示，根据列唯一法，第二列，R2C2=1。

第5、第6步：如图1-7所示，根据行唯一法，第二行中，R2C3=3。同理，第三行中，R3C3=2。

3	2	1
2	①	
1	3	

图1-6

3	2	1
2	1	③
1	3	②

图1-7

四阶拉丁方阵

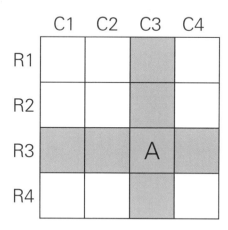

	C1	C2	C3	C4
R1				
R2				
R3			A	
R4				

图1-8

相对于三阶拉丁方阵，如图1-8所示，四阶拉丁方阵的表格中增加了第四行（R4）和第四列（C4）。行和列的增加，意味着拉丁方阵的复杂度增加，还可以五阶、六阶……不断地扩容。

四阶拉丁方阵的游戏规则

在一个四行四列（4×4）的表格中填入1、2、3、4这四个数字，要求每一行和每一列中都要出现1、2、3、4这四个数字。

根据给定的提示数，每个方格中的数字唯一。

例题1.2

如图1-9所示，这是一个四阶拉丁方阵，你能快速判断出空格R2C4中的数字是什么吗？

1		3	
			?
	2	1	
		1	4

图1-9

解答 ▸▸▸

观察图1-9，第二行中，无法应用行唯一法，因为整行都是空白。

第四列也无法应用列唯一法，因为该列只有一个数字4。

同时，方格R2C4的同位群中仅出现了一个数字4，余数是1、2、3，并不唯一。怎么办？

如图1-10所示，第一行的R1C1=1，因此，R1C4中的数字不可能是1，可简记为R1C4≠1。

第三行R3C3=1，因此，R3C4≠1。

根据规则，数字1在第四列必须出现，因此，有R2C4=1。

在一行（或列）中，当某个数字只能出现在唯一的空格中，根据规则，这个数字就是这个空格的唯一解，可以直接填写到这个空格中。

依据同位群中已经出现的数字，或者依据同位群中已经确定的区块中的数字和数组，对空格中的数字进行排除，这种方法被称为**排除法**。

对于某一个数字，如果某一列中，大部分空格都将它拒之门外，仅剩下一个空格可以容身，这个空格的唯一解就找到了。这种方法被称为**列排除法**。

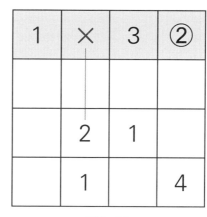

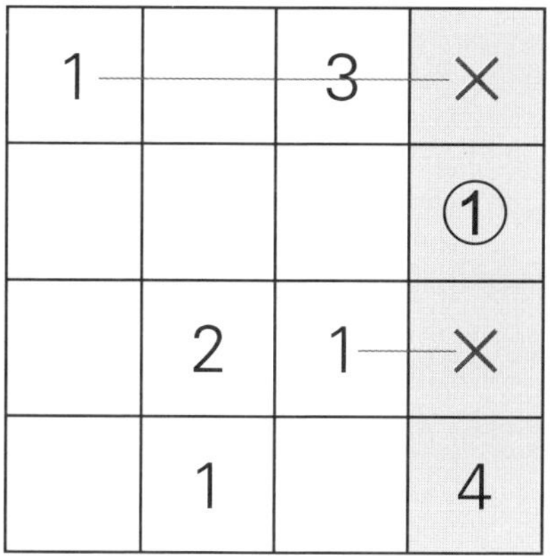

图1-10　　　　　　　　　　　图1-11

同样，如图1-11所示，因为R3C2=2，所以，R1C2≠2，这样就可以断定R1C4=2。与列排除法相对应，这种方法被称为**行排除法**。

行（列）唯一法和余数唯一法统称为余数法，行（列）排除法统称为排除法，余数法和排除法是解决拉丁方阵的基本算法。

习题一

#101

3	2	
1		

解题时间[　　]

#102

		3
	2	
1		

解题时间[　　]

#103

3	2	
	1	

解题时间[　　]

#104

1		
2		3

解题时间[　　]

#105

1	4		
		4	
			3
3	1		

解题时间[　　]

#106

	2	3	
		2	
	3	1	2

解题时间[　　]

#107

2			3
	4		1
			2

解题时间 〔   〕

#108

		3	
2			
			3
		1	2

解题时间 〔   〕

#109

			3
	1	2	
		3	
2			

解题时间 〔   〕

#110

	1		4
	2		
	3	2	

解题时间 〔   〕

#111

2			3
	1		
			2

解题时间 〔   〕

#112

2			
3	2		
		4	

解题时间 〔   〕

第二章

聪明方格：
算术训练的好游戏

聪明方格游戏的发明人是日本的宫本哲也先生。2004年，他发明了这个"可以使你变得聪明的智力游戏"，英文名称"Kenken"，中文名称"聪明方格"。

宫本哲也先生是日本横滨一家"算数塾"（算数培训教室）的老师，他自称是"不战而胜算数掌门人"。宫本先生受到流行数独游戏的启发，结合了加减乘除各种计算方法，发明并设计出独特而有趣的聪明方格游戏。

聪明方格解题的线索不再是提示数，而是算术符号以及运算结果。

聪明方格是一项可以开发大脑潜能、提高思维注意力的益智游戏。

四阶聪明方格

聪明方格如同一件数字秘案，千头万绪，需要游戏玩家细心查找数字秘案的蛛丝马迹。

四阶聪明方格的游戏规则

1.在4×4的表格中分别填入数字1、2、3、4。

2.每一行、每一列都要分别填入数字1、2、3、4。

3.粗框内左上角的数字以及＋、－、×、÷符号，分别表示粗框内所填数字之和、差、积、商。

4.左上角只有1个数字且无运算符号时，就将该数字填入此方格中。

 例题2.1

如图2-1所示，这是一道四阶聪明方格习题，请在每一个4×4的表格中填入整数1、2、3、4，要求每一行和每一列中出现的数字不重复。

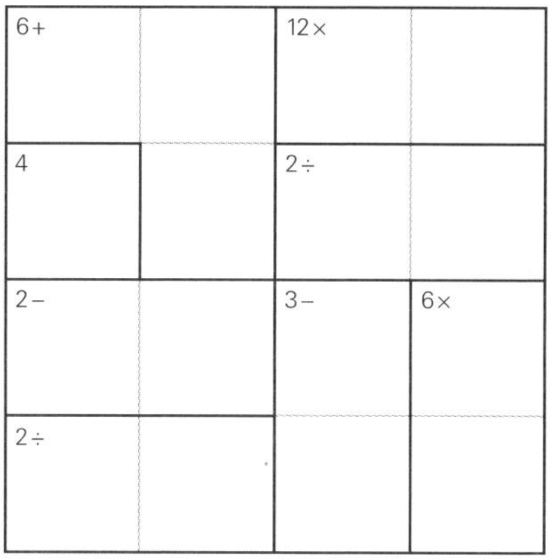

6+
12×
4
2÷
2−
3−
6×
2÷

图2-1

解答

在聪明方格中，被粗框包围的完整区域定义了一个**区块**，简称为**区**。所谓的区块就是指具有特殊性质的方格的组合，区块的概念很重要，在本书中会反复应用。作为已知条件预先给定的区块，被称为**给定区**。聪明方格的区由若干个方格组成，区的外围是粗框线，区的左上角标注了数字和算符，称为**提示符**。

当一个区的左上角无运算符号而只有一个数字时，这个区属于**独立方格**，可以直接将该数字填入到这个方格中。例如，图2-1中的R2C1就属于独立方格，左上角标注的数字是4，所以R2C1=4。

提示符表示的是区内数字根据运算符号运算的结果。例如，图2-1中的“6+”“2−”“12×”“2÷”等。

为了文字描述的方便，可以用6+{R1C1,R1C2,R2C2}方式表示一个区，大括号内是区内方格的坐标，并且R1C1+R1C2+R2C2=6。

例如，12×{R1C3,R1C4}，表示R1C3和R1C4这两个方格构成一个区，并且R1C3×R1C4=12。

再如， 2÷{R2C3,R2C4}，表示R2C3和R2C4这两个方格构成一个区，并且R2C3÷R2C4=2，或者R2C4÷R2C3=2。

除法和减法不满足交换律，必须考虑将数字交换。

尤其需要注意，在聪明方格的游戏中，当区内的空格均属于同一行（或同一列）时，显然，它们的数字不能重复；当区内的空格分别属于不同的行（或列），区内数字有可能会出现重复的情况。

对于聪明方格的每一行（列）而言，都可以看作是一个特殊的区。例如：图2-1中的第一行就可以写为：

$$10+\{R1C1,R1C2,R1C3,R1C4\},$$

$$或24×\{R1C1,R1C2,R1C3,R1C4\}$$

第1步：如图2-2所示，在游戏的初始盘面发现独立方格，R2C1=4。

第2步：如图2-3所示，注意第二行的区2÷{R2C3,R2C4}，因为

$$2=4÷2=2÷1$$

该区内的两个方格有两种可能的数字组合：2和4，或者是1和2。数字组合，简称**数组**。数字2和4构成数组，1和2也构成数组，为了方便描述，分别用符号{2,4}、{1,2}表示。

每一个区都对应若干个符合条件的数组，根据聪明方格的规则：区内数组是唯一的。如果能够直接获得空格的唯一解，当然是极好的；当求之不得时，如果能够找到区块的唯一数组也是相当不错的。

考虑到R2C1=4，因此，R2C3≠4，且R2C4≠4，因此，该区的唯一数组就是{1,2}。两个空格，两个数字，数字1和2被这个区锁定了。特别地，当两个方格属于同一行或者同一列，这两个方格的唯一数组称为**数对**。

发现唯一数组或数对时，可以在其所在区块的右下角，用铅笔以小号字将相关的数字标注出来。

数对可以占领位置，锁定数字，既可以参与排除法的应用，也可以用来求余数。

对于第二行，因为R2C3和R2C4中存在数对{1,2}，根据排除法，剩下的唯一空格R2C2=3。

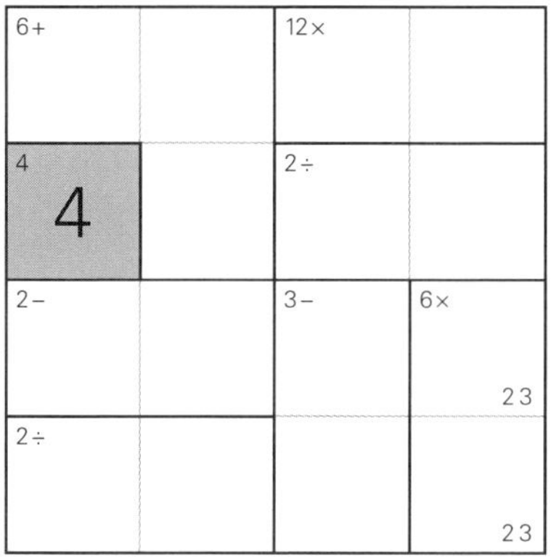

图2-2

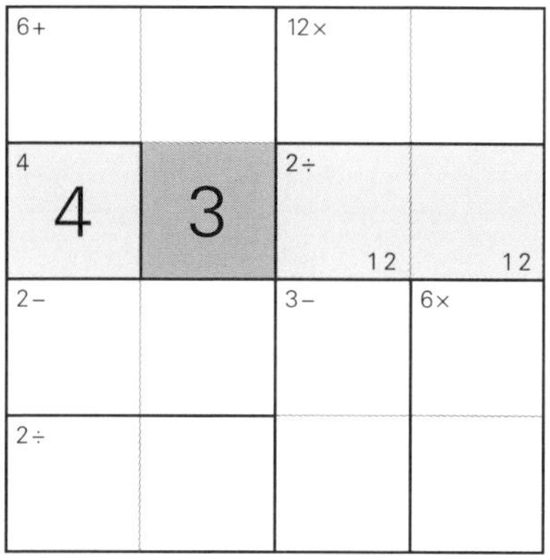

图2-3

第3、第4步：如图2-4所示，注意第四列的区6×{R3C4,R4C4}，在1、2、3、4中，2×3=6，符合条件的数组只有一个，该区存在数对{2,3}。

第四列中，数字2被R3C4和R4C4锁定了，这样，R2C4≠2，对于数对{1,2}而言，只能是R2C3=2，R2C4=1。

用行或列中的已知数字对**数对**所在的区块应用排除法，或者用已知**数对**对其他单元或区块应用排除法，这两种方法均属于**数对排除法**。

第5、第6步：如图2-5所示，注意第一行的区12×{R1C3,R1C4}，在1、2、3、4中，3×4=12，满足条件的数组只有一个，也就是说，这个区存在数对{3,4}。

因为第四列中已有数对{2,3}，应用排除法，得到R1C3=3，R1C4=4。

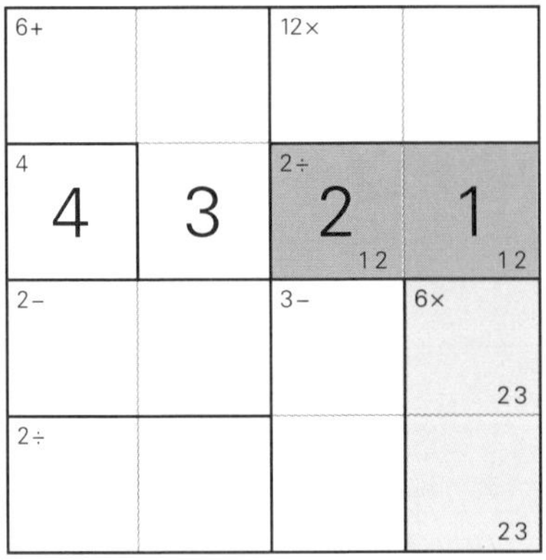

从零开始玩数独

图2-4 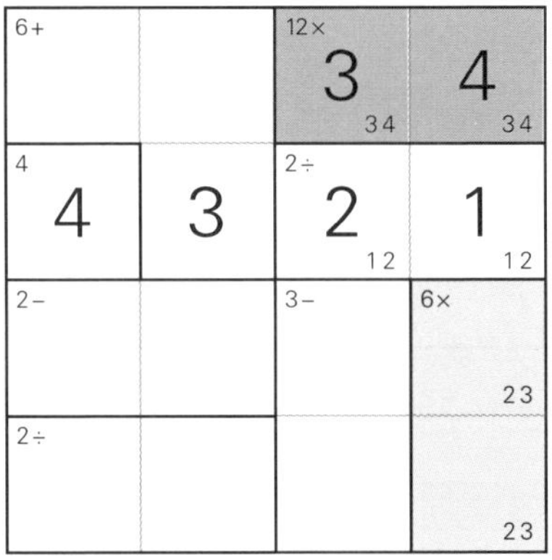　　　　　　　　　　　　　图2-5

第7、第8步：如图2-6所示，注意第四行中的区2÷{R4C1,R4C2}，满足该区条件的数组有两个，{2,4}或{1,2}。

无论是{2,4}还是{1,2}，这两个数组的共同点是均包含数字2，也就是说，数字2被锁定在R4C1和R4C2中。利用这个性质，对第四列数对{2,3}应用排除法，得到R3C4=2，R4C4=3。

第9、第10步：如图2-7所示，观察第三行中的区2-{R3C1,R3C2}，2=4-2=3-1，满足该区条件的数组有两个，{2,4}或{1,3}。

第三行，因为R3C4=2，所以，R3C1≠2且R3C2≠2，这样，排除了数组{2,4}，该区内的唯一数组是{1,3}，形成数对。

如何排除区内不符合条件的数组是玩聪明方格的重要思路。

因为R2C2=3，根据数对排除法，得到R3C1=3，R3C2=1。

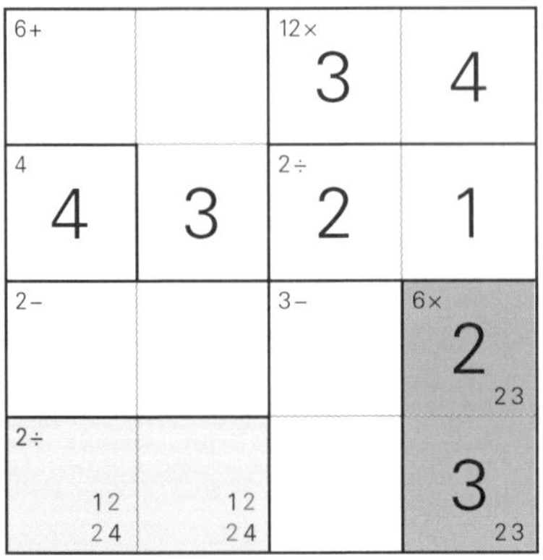

图2-6 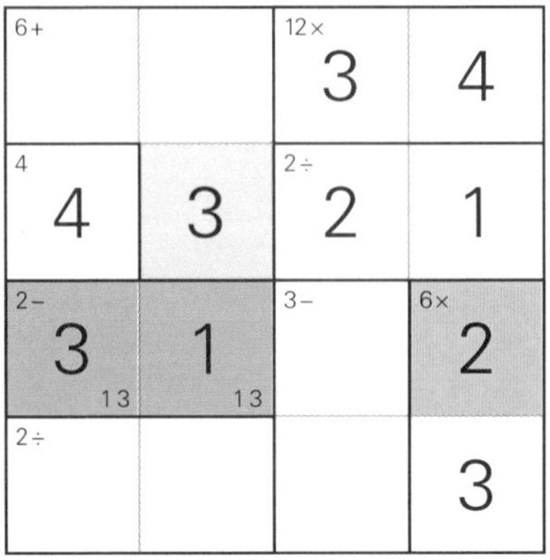　　　　　　　　　　　　　图2-7

第11、第12步：如图2-8所示，注意第一行中只剩下两个空格，这两个空格中的余数就是该行剩下的一组数字{1,2}。通过余数法找到的数对，称为**余数数对**。

因为R3C2=1，根据数对排除法，得到R1C1=1，R1C2=2。

在这里，也可以直接应用行排除法得到相同的结果。

第13～第16步：如图2-9所示，余下的空白方格的数值均可以根据行（列）唯一法顺利解出。不再赘述。

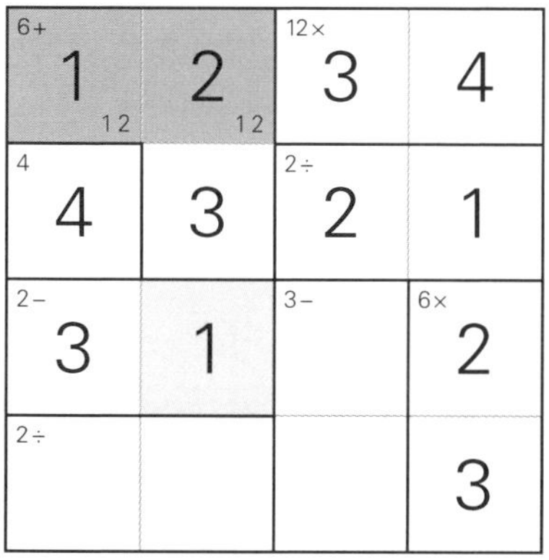

图2-8

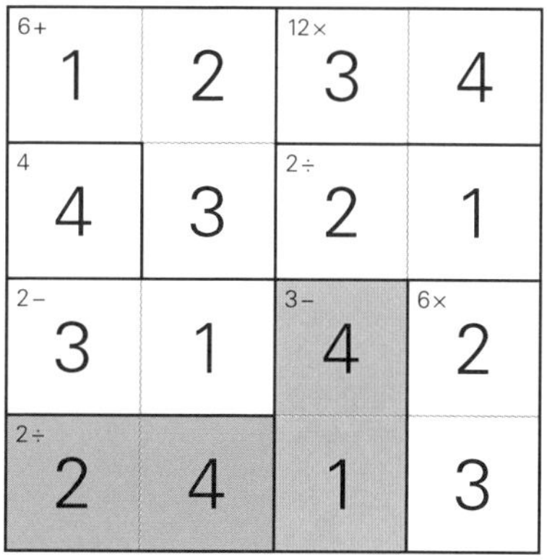

图2-9

 例题2.2

如图2-10所示，在下面的聪明方格游戏中，请用最少的步骤判断出第四行第一列的方格R4C1中的数字。

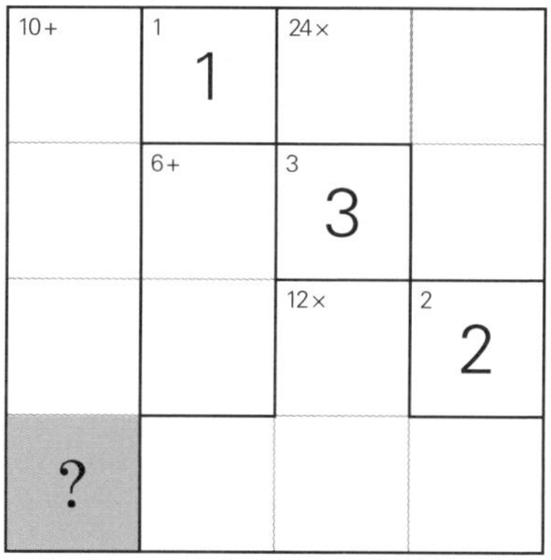

图2-10

解答 ▸▸▸

如图2-11所示，注意观察表格右下提示符为"12×"的区，为了描述的方便，可以将这个区简记12×{4}，表示这是一个有四个空格的区，并且区内数字乘积为12。

1、2、3、4都是数字12的因数，通过排列组合，得到：

$$1×1×3×4=12；或者1×2×2×3=12$$

该区有两个符合条件的数组，{1,1,3,4}或{1,2,2,3}。

第四行的三个方格中，数字不能重复，那么，重复的数字只能出现在方格R3C3中。

第三行中，方格R3C4=2，根据排除法，R3C3≠2。这个结果已经足够让数组{1,2,2,3}默默地离开了，该区的唯一数组是{1,1,3,4}。

综合以上分析，空格R3C3=1，同时，我们还可以知道，在第四行R4C2、R4C3和R4C4中，其中的数字被锁定为1、3、4。

因此，第四行中，根据行排除法，R4C1=2。

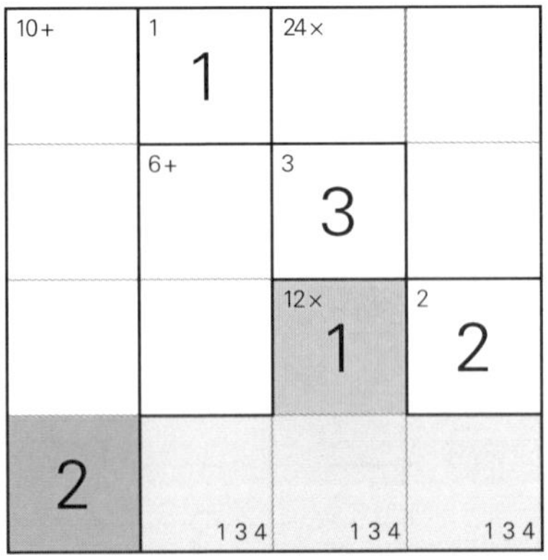

10+	1	24×	
		1	
	6+	3	
		3	
		12×	2
		1	**2**
2			
		1 3 4	1 3 4	1 3 4

图2-11

六阶聪明方格

六阶聪明方格的游戏规则

1.在6×6的表格中分别填入数字1～6。

2.每一行、每一列都要分别填入数字1～6。

3.粗框内左上角的数字以及＋、－、×、÷符号，分别表示粗框内所填数字之和、差、积、商。

4.当发现独立方格时，就直接将该数字填入此方格中。

例题2.3

如图2-12所示，请完成以下的聪明方格游戏。

8×		7+		90×	
11+	3	8×			
	4×		5÷	30×	
2	7+			6	
4+	17+		16×		
		8+			4

图2-12

解答 ▶▶▶

第1~第4步：首先从独立方格开始。如图2-13所示，R2C2=3；R4C1=2；R4C5=6；R6C6=4。

第5、第6步：如图2-14所示，注意第一行的区8×{R1C1,R1C2}，在1~6这六个数字中，2×4=8，只有一个数组{2,4}符合条件，形成数对。

考虑到R4C1=2，根据数对排除法，得到R1C1=4，R1C2=2。

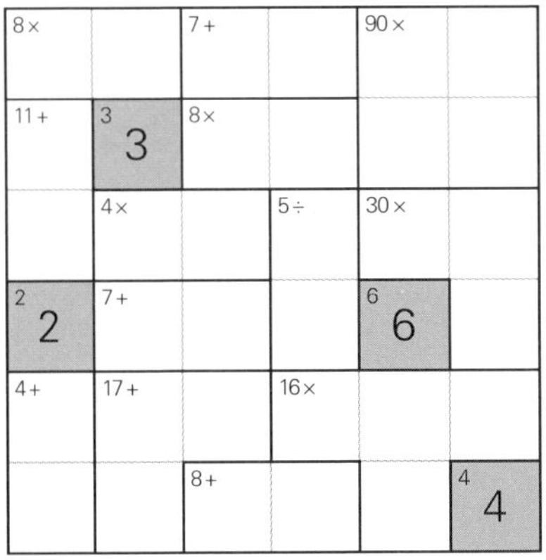

图2-13

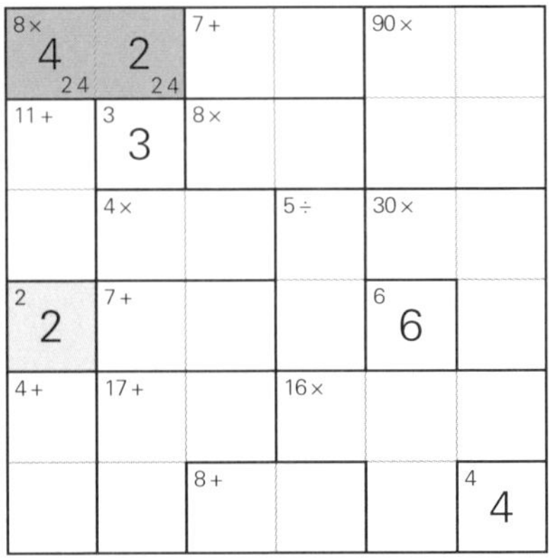

图2-14

第7、第8步：如图2-15所示，注意第四行的区7+{2}，7=1+6=2+5=3+4，有三个可能的数组：{1,6}或{2,5}或{3,4}。

第四行，因为R4C5=6，{1,6}首先被排除；因为R4C1=2，{2,5}也被排除。这样，该区唯一的数组找到了，就是数对{3,4}。

因为R2C2=3，根据数对排除法，得到R4C2=4，R4C3=3。

第9、第10步：如图2-16示，注意第三行中的区4×{2}，存在唯一数组{1,4}，形成数对。

同时，注意第四列中的区5÷{R3C4,R4C4}，存在唯一数组{1,5}，形成数对。

应用数对排除法，得到R3C4=5，R4C4=1。

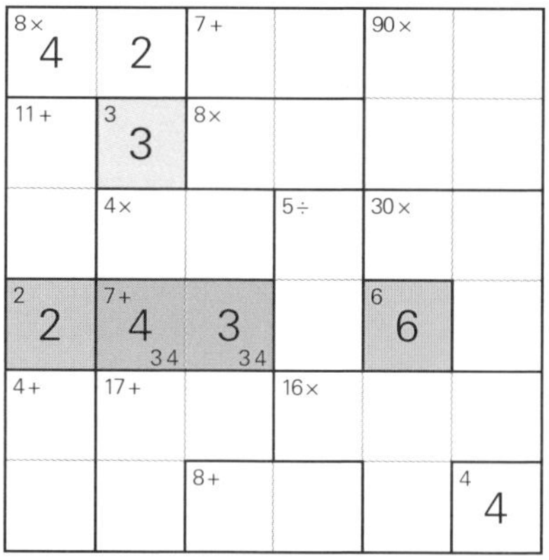

图2-15

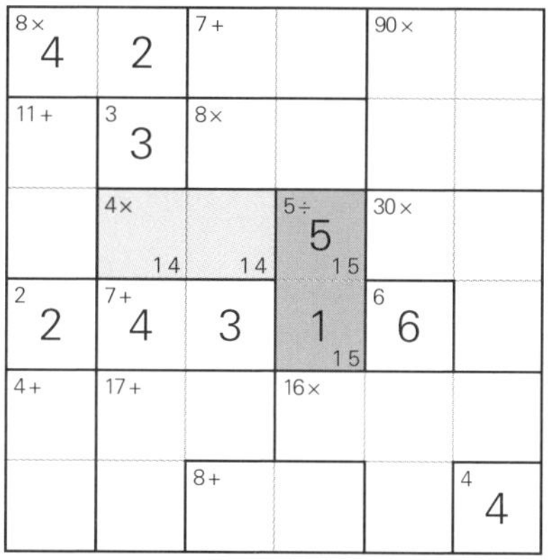

图2-16

第11、第12步：如图2-17所示，第一行中的区7+{ R1C3，R1C4}，该区存在三种数组的可能性：{1,6}或{2,5}或{3,4}。

因为R1C1=4，首先排除了{3,4}；因为R1C2=2，也排除了{2,5}。这样，R1C3和R1C4中的唯一数组为数对{1,6}。

因为R4C4=1，根据数对排除法，R1C3=1，R1C4=6。

第13、第14步：如图2-18所示，因为R1C3=1，对R3C2和R3C3应用数对排除法，得到R3C2=1，R3C3=4。

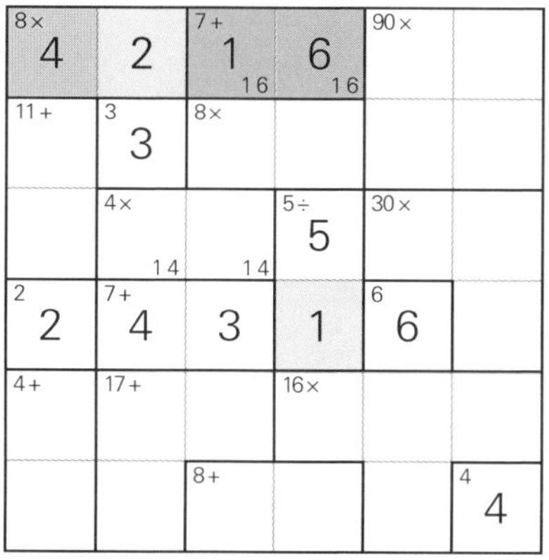

图2-17

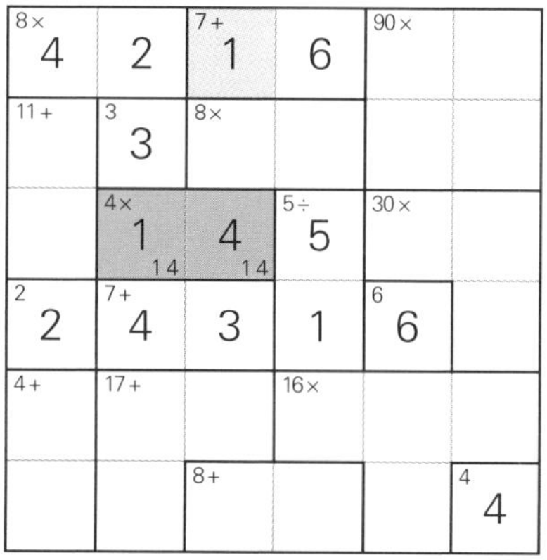

图2-18

第15～第17步：如图2-19所示，第四行，根据行唯一法，R4C6=5。

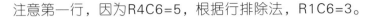

注意第一行，因为R4C6=5，根据行排除法，R1C6=3。

然后，根据行唯一法，R1C5=5。

第18、第19步：如图2-20所示，右上角的区90×{4}，有

$$R1C5 \times R1C6 \times R2C5 \times R2C6=90$$

$$R1C5 \times R1C6=3 \times 5=15$$

这样，可以得到R2C5×R2C6=6。6=1×6=2×3，空格R2C5和R2C6中有两个数组的可能：{1,6}或{2,3}。

第二行，因为R2C2=3，可以排除{2,3}。这样，空格R2C5和R2C6存在数对{1,6}。

因为R4C5=6，根据数对排除法，得到R2C5=1，R2C6=6。

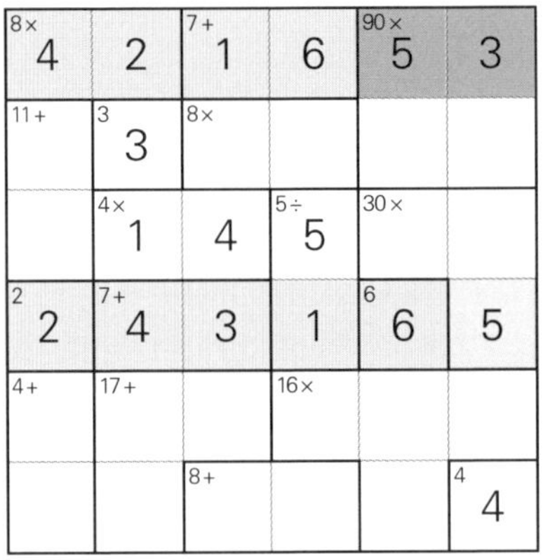

图2-19

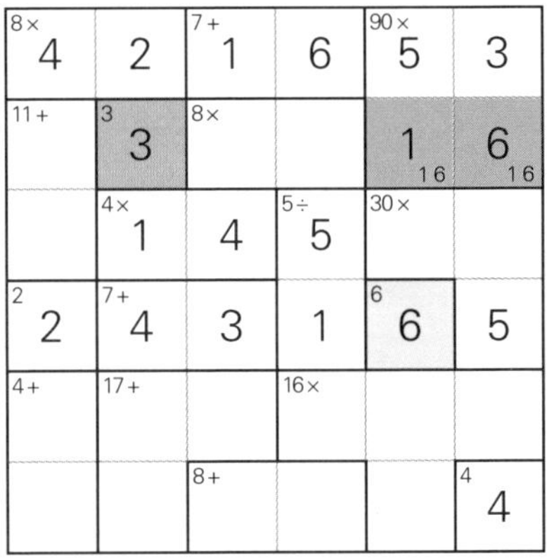

图2-20

第20、第21步：如图2-21所示，第二行中的区8×{2}，存在唯一数组{2,4}，形成数对。

因为R3C3=4，根据数对排除法，得到 R2C3=2，R2C4=4。

第22、第23步：如图2-22所示，点算R3C6的余数，根据余数唯一法，得到R3C6=2。

再注意第三行中的区30×{3}，得到R3C5=30÷2÷5=3。

这样，当一个区内仅剩下一个空格时，根据区的提示符，这个空格的数字也可以解出来，这种方法称为**区唯一法**。

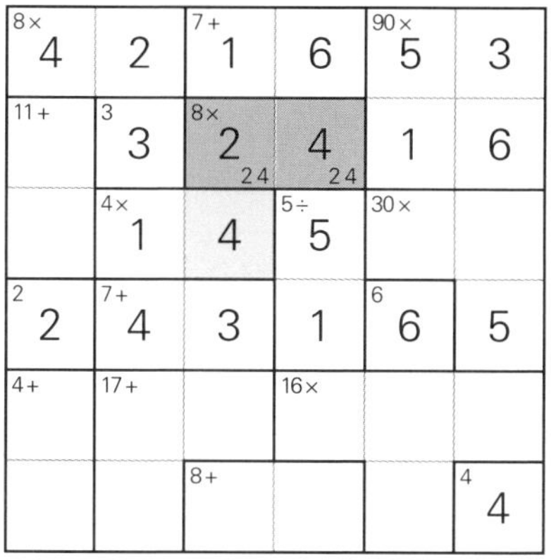

图2-21

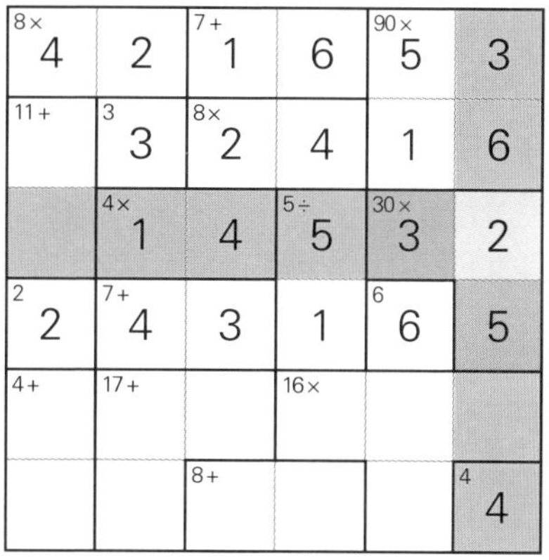

图2-22

第24～第26步：如图2-23所示，第六列，根据列唯一法，方格R5C6=1。

第二行，根据行唯一法，方格R2C1=5。

第三行，根据行唯一法，方格R3C1=6。

第27、第28步：如图2-24所示，点算R5C1的余数，根据余数唯一法，R5C1=3。然后，第一列，根据列唯一法，R6C1=1。

当然，这里还可以根据列排除法得到唯一解。

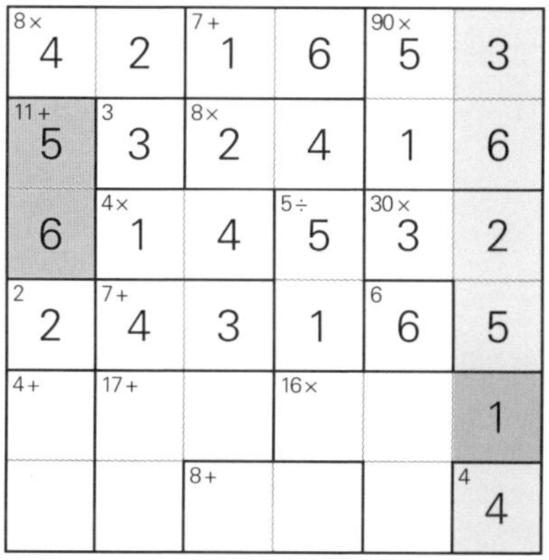

图2-23

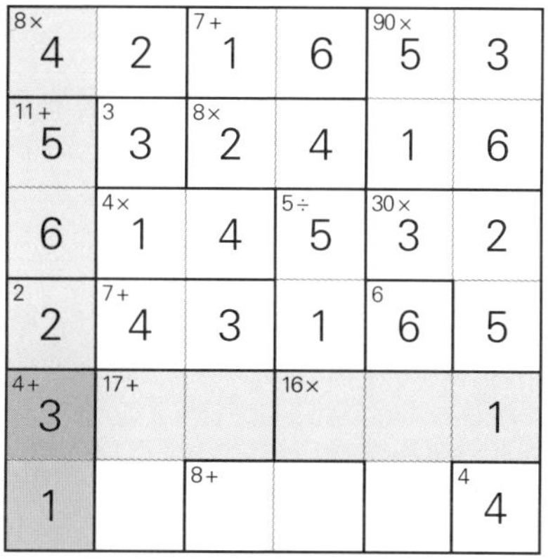

图2-24

第29～第31步： 如图2-25所示，点算R6C5的余数，根据余数唯一法，得到R6C5=2。

然后，第五列，根据列唯一法，得到R5C5=4。

最后，根据区唯一法，得到R5C4=16÷1÷4÷2=2。

第32、第33步： 如图2-26所示，第四列，根据列唯一法，得到R6C4=3。

对于第六行中的区8+{2}，根据区唯一法，得到R6C3=8-3=5。

8× 4	2	7+ 1	6	90× 5	3
11+ 5	3 3	8× 2	4	1	6
6	4× 1	4	5÷ 5	30× 3	2
2 2	7+ 4	3	1	6 6	5
4+ 3	17+		16× 2	4	1
1		8+		2	4 4

图2-25

8× 4	2	7+ 1	6	90× 5	3
11+ 5	3 3	8× 2	4	1	6
6	4× 1	4	5÷ 5	30× 3	2
2 2	7+ 4	3	1	6 6	5
4+ 3	17+		16× 2	4	1
1		8+ 5	3	2	4 4

图2-26

第34～第36步： 如图2-27所示，注意第三列，根据列唯一法，得到R5C3=6。

第六行，根据行唯一法，得到R6C2=6。

然后，第五行，根据行唯一法，得到R5C2=5。

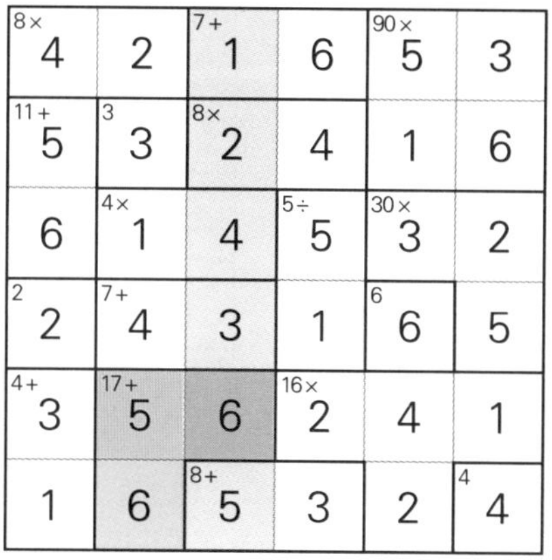

8× 4	2	7+ 1	6	90× 5	3
11+ 5	3 3	8× 2	4	1	6
6	4× 1	4	5÷ 5	30× 3	2
2 2	7+ 4	3	1	6 6	5
4+ 3	17+ 5	6	16× 2	4	1
1	6	8+ 5	3	2	4 4

图2-27

 例题2.4

如图2-28所示，下面的聪明方格游戏中，请用较少的步骤判断出空格R2C4和R2C5中的数字。

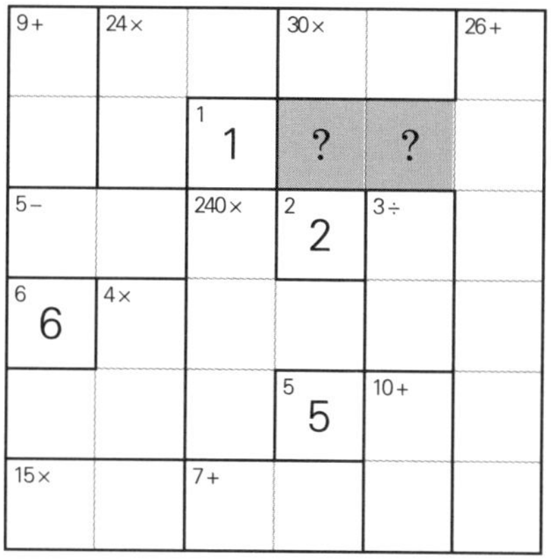

9+	24×		30×		26+
		1 1	?	?	
5-		240×	2 2	3÷	
6 6	4×				
			5 5	10+	
15×		7+			

图2-28

 解答 ▶▶▶

R2C4和R2C5所在的区是一个大型的区26+{8}，有八个空格。

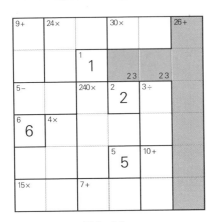

图2-29 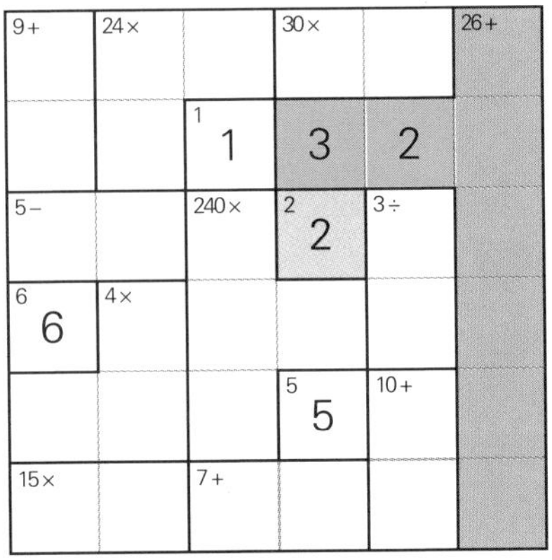　　　　　　　　　　图2-30

如图2-29所示，根据游戏规则，第六列中的数字为1~6，其和为21，如此，R2C4+R2C5=26-21=5。根据5=1+4=2+3，新区块R2C4和R2C5中有两种数组的可能，{1,4}或{2,3}。

如图2-30所示，第二行中，因为R2C3=1，数字组合{1,4}被排除了，因此，R2C4和R2C5中的唯一数组就是数对{2,3}。

然后，根据R3C4 = 2，应用数对排除法，得到R2C4=3，R2C5=2。

 例题2.5

如图2-31所示，在下面的聪明方格游戏中，请用较少的步骤判断出R3C2中的数字。

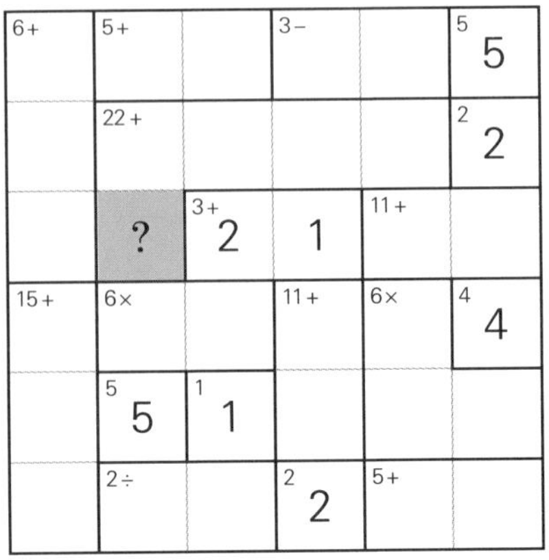

图2-31

第1步： 如图2-32所示，第一列中的区6+{3}，该区中存在着唯一数组{1,2,3}。

当三个空格同属于一行或者一列，并且这三个空格中存在唯一数组，这个唯一数组就被称为**三数集**。

第二行中，因为R2C6=2，所以R2C1≠2；第三行中，R3C3=2，因此，R3C1≠2。这样，R1C1、R2C1和R3C1中，只有R1C1=2。这种方法就是**区排除法**。

同时，新区块R2C1和R3C1中存在余数数对{1,3}。

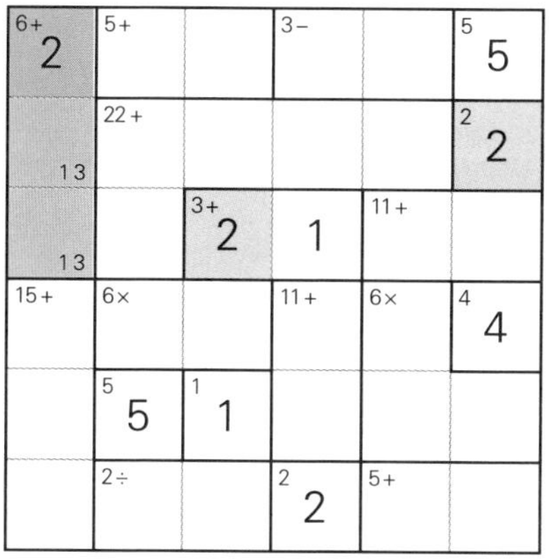

<table>
<tr><td>6+
2</td><td>5+</td><td></td><td>3-</td><td></td><td>5
5</td></tr>
<tr><td rowspan="2">13</td><td>22+</td><td></td><td></td><td></td><td>2
2</td></tr>
<tr><td></td><td>3+
2</td><td>1</td><td>11+</td><td></td></tr>
<tr><td>15+</td><td>6×</td><td></td><td>11+</td><td>6×</td><td>4
4</td></tr>
<tr><td></td><td>5
5</td><td>1
1</td><td></td><td></td><td></td></tr>
<tr><td></td><td>2÷</td><td></td><td>2
2</td><td>5+</td><td></td></tr>
</table>

图2-32

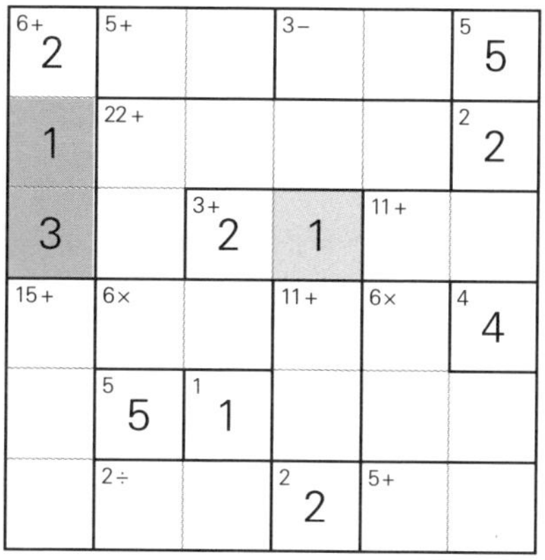

<table>
<tr><td>6+
2</td><td>5+</td><td></td><td>3-</td><td></td><td>5
5</td></tr>
<tr><td>1</td><td>22+</td><td></td><td></td><td></td><td>2
2</td></tr>
<tr><td>3</td><td></td><td>3+
2</td><td>1</td><td>11+</td><td></td></tr>
<tr><td>15+</td><td>6×</td><td></td><td>11+</td><td>6×</td><td>4
4</td></tr>
<tr><td></td><td>5
5</td><td>1
1</td><td></td><td></td><td></td></tr>
<tr><td></td><td>2÷</td><td></td><td>2
2</td><td>5+</td><td></td></tr>
</table>

图2-33

第2步： 如图2-33所示，第三行，因为R3C4=1，根据数对排除法，R3C1=3，R2C1=1。

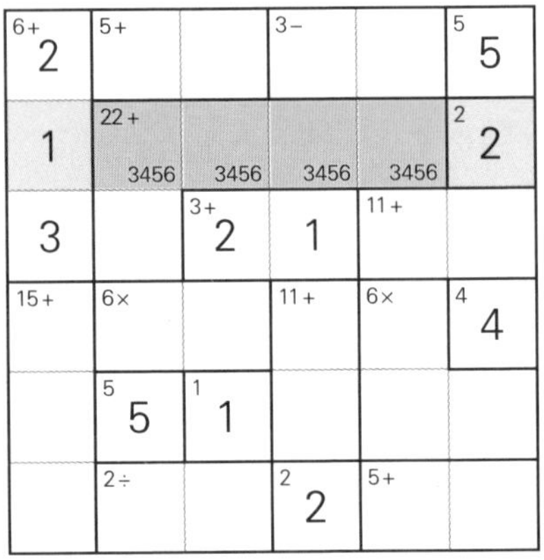

图2-34

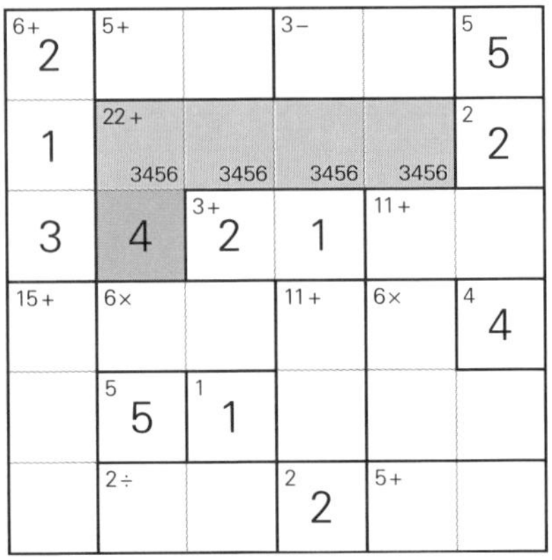

6+ 2	5+		3-		5
1	22+ 3456	3456	3456	3456	2 2
3		3+ 2	1	11+	
15+	6×		11+	6×	4 4
	5 5	1 1			
2÷			2 2	5+	

图2-35

6+ 2	5+		3-		5
1	22+ 3456	3456	3456	3456	2 2
3	4	3+ 2	1	11+	
15+	6×		11+	6×	4 4
	5 5	1 1			
2÷			2 2	5+	

第3步： 如图2-34所示，注意第二行，剩下的四个空格R2C2、R2C3、R2C4和R2C5中存在唯一数组{3,4,5,6}，同时，这四个空格又属于区22+{5}。

R2C2+R2C3+R2C4+R2C5=3+4+5+6=18

R2C2+R2C3+R2C4+R2C5+R3C2=22

R3C2=22－18=4

综上所述，得到R3C2=4（如图2-35所示）。

习题二

#201

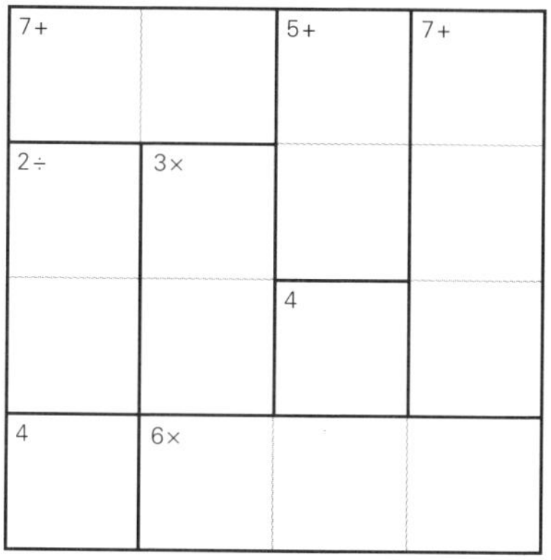

7+		5+	7+
2÷	3×		
		4	
4	6×		

#202

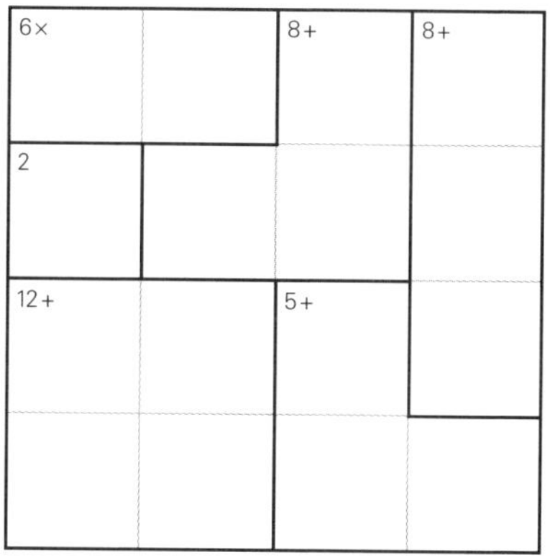

6×		8+	8+
2			
12+		5+	

解题时间〔　〕

#203

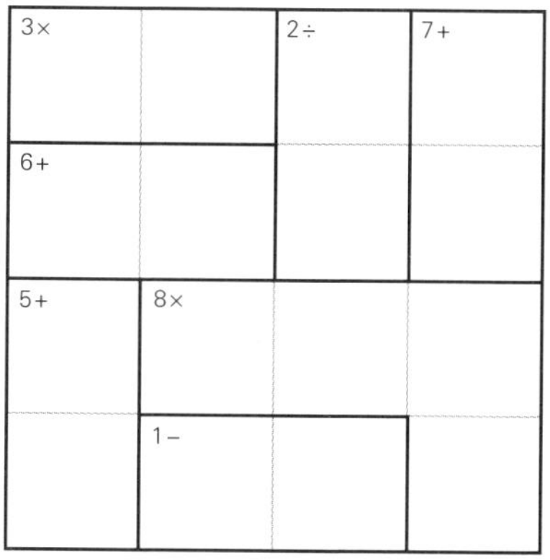

3×		2÷	7+
6+			
5+	8×		
	1−		

#204

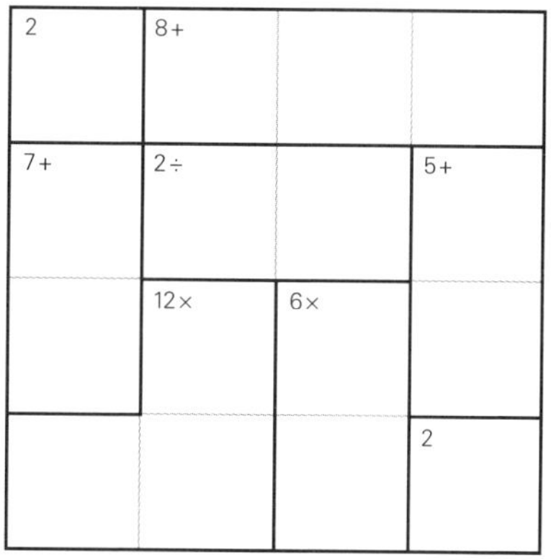

2	8+		
7+	2÷		5+
	12×	6×	
		2	

解题时间〔　〕

#205

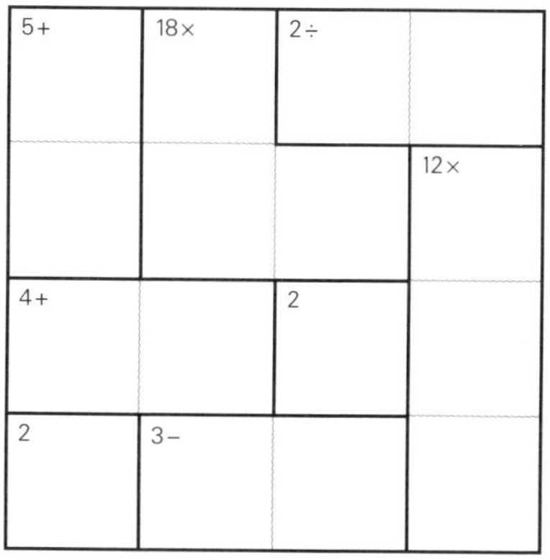

5+	18×	2÷	
			12×
4+		2	
2	3−		

#206

2	12×		2÷
7+			
7+		1−	
		3+	3

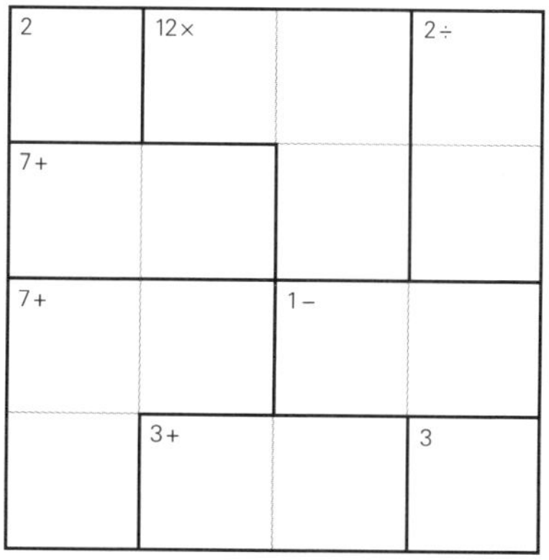

解题时间〔　〕

#207

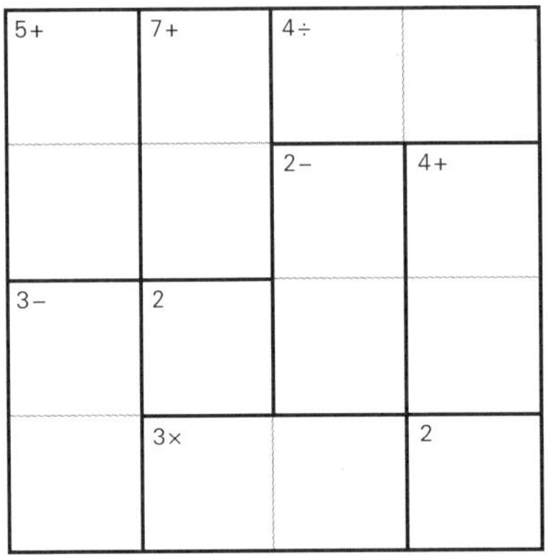

5+	7+	4÷	
		2−	4+
3−	2		
	3×		2

解题时间〔　〕

#208

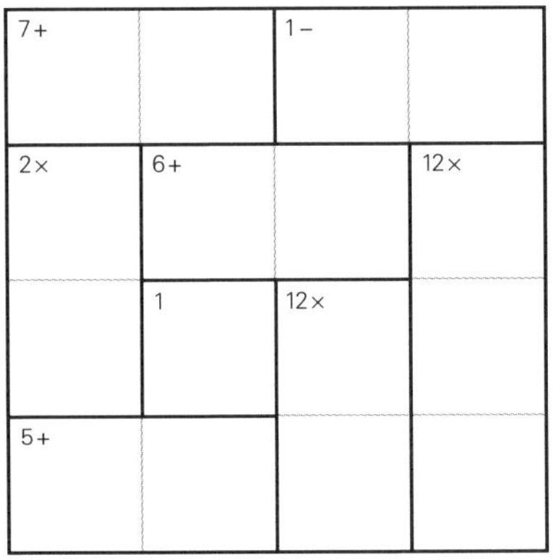

7+		1−	
2×	6+		12×
		1	12×
5+			

解题时间〔　〕

#209

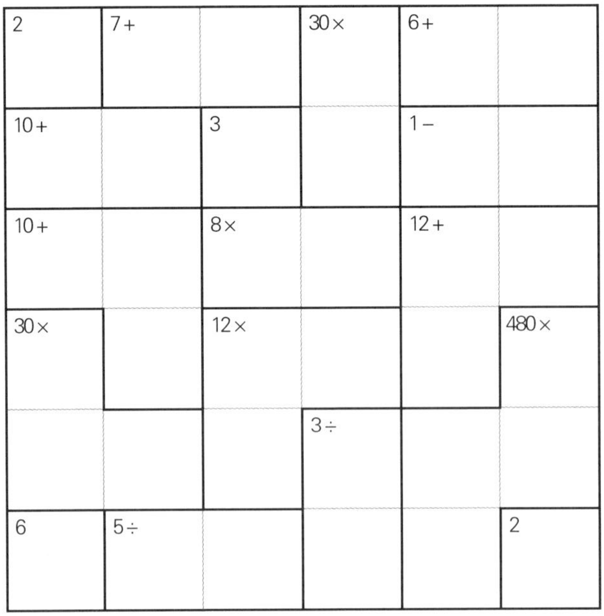

2	7+		30×	6+
10+		3		1−
10+		8×		12+
30×		12×		480×
			3÷	
6	5÷			2

解题时间〔　〕

#210

4 +	15 ×		4 −		4
	15 +			1 −	
10 +	3 ×	5	1	240 ×	
		2			3
10 ×	6	7 +	12 ×		11 +
			3 ÷		

解题时间 〔   〕

#211

3 +		5	6 +	24 ×	
15 ×		1		4	11 +
8 ×		6		1 −	
18 ×	11 +	20 ×			1 −
		7 +		1	
4	3 +		1 −		3

解题时间 〔   〕

#212

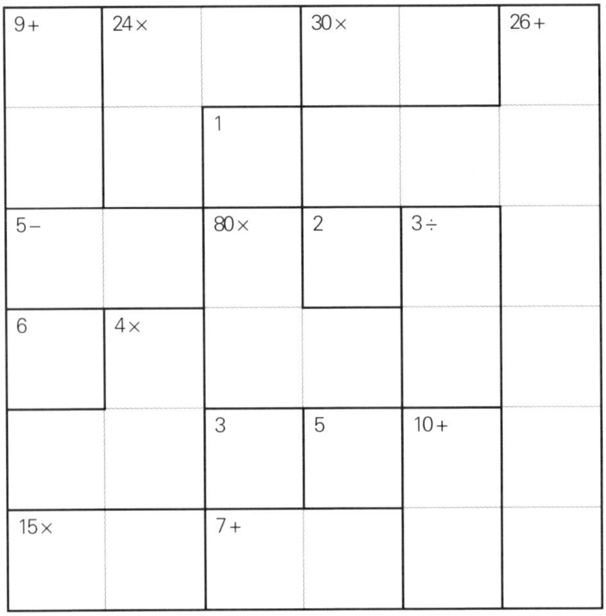

9+	24×		30×		26+
		1			
5−		80×	2	3÷	
6	4×				
		3	5	10+	
15×		7+			

#213

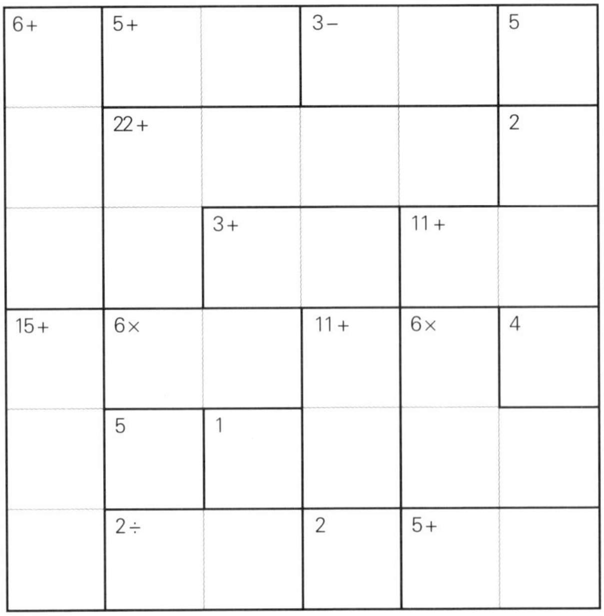

6+	5+		3−		5
	22+				2
		3+		11+	
15+	6×		11+	6×	4
	5	1			
	2÷			2	5+

#214

27+					
11+	4÷		9+		
		5	2	4×	4+
6×	30×	3	5		
		3+		4−	9+
4+		10+			

解题时间〔　　〕

#215

3+	1−	11+		3	9+
		1	10+		
11+	6×	1−		1	5+
		9+		3−	
3	2−		3+		6
9+		3		5−	

解题时间〔　　〕

35

#216

10+		3+		8+	
3+	4	11+	2−		1
	5+		4	4−	
3−		7+		1	3−
	4−		10+		
5	4+		2	10+	

解题时间 〔   〕

第三章

数独入门：
精彩的序幕

数独游戏，英语名称"Sudoku"，日语名称"数独**すうどく**"，脱胎于大数学家欧拉的拉丁方阵。

20世纪70年代，美国的一家益智游戏杂志以"Number Place"的名称将拉丁方阵游戏重新推出，获得了好评。随后，日本接受了这种智力游戏，1984年，日本的一家杂志第一次将数独介绍给日本的读者，很快，数独在日本社会上被广泛接受。2004年，曾任中国香港高等法院法官的高乐德（Wayne Gould）把这款游戏带到英国，成为英国流行的数学智力拼图游戏。

数独游戏受到欢迎的一个重要的原因是它的形式美观、规则简单，不需要任何专业的知识背景，能够迅速被初学者接受，不分男女，老少皆宜。

四阶数独

四阶数独的游戏盘面是一个4×4的表格，由16个方格构成，行和列的设置与拉丁方阵没有任何区别，最大的区别在于其独特的宫。注意图3-1中粗线条内的四个2×2方格，这些方格组成一个特殊的区块，在这个区块中，也被要求填入数字1、2、3、4，这个特殊的区块称为**宫**。

行、列、宫具有同等的地位，一般地，行、列和宫都被统称为**单元**。

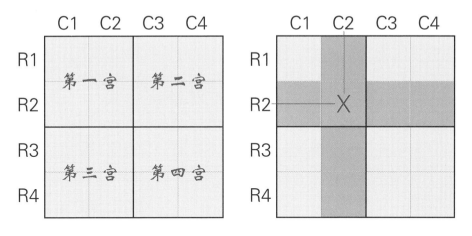

图3-1

如图3-1所示，四阶数独的行和列继续采用拉丁方阵中的规定，行用R1、R2、R3和R4来表示；列用C1、C2、C3和C4来表示；宫用第一宫、第二宫、第三宫和第四宫来表示。

方格的坐标采用它所在的行号和列号来表示，如图3-1所示，方格X的坐标可以记做R2C2。

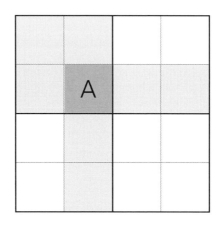

图3-2

在数独的游戏盘面中，如果方格A与另一个方格B都属于一个单元（行或列或宫），那么，方格A和方格B互为同位格。如图3-2所示，方格A的所有同位格集体构成了它的同位群。

四阶数独的规则

1. 四阶数独的宫由2×2的表格构成，标准数独盘面由2×2的宫排列构成。

2. 在4×4的表格中，要求每一行、每一列以及每一宫中都要填入数字1~4。

3. 每个空格中解出的数字答案唯一。

 例题 3.1

下面是一道标准的四阶数独游戏，请在表格的空格中填入正确的数字。

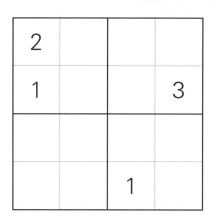

图3-3

解答 ▶▶▶

数独是一种特殊的拉丁方阵，数独和拉丁方阵之间最大的区别在于数独游戏盘面中关于"宫"的设置。与填写拉丁方阵的游戏相同，数独游戏也要预先给定提示数。

第1步：如图3-4所示，注意观察第二宫。

第一行，因为R1C1=2，所以，R1C3≠2，并且R1C4≠2。

这样，第二宫中，只有唯一一个空格中的数字可以是2，即R2C3=2。这和拉丁方阵中的行（列）排除法在原理上一致，称为**宫排除法**。

第2步：如图3-5所示，第二宫，利用宫排除法，得到R1C4=1。

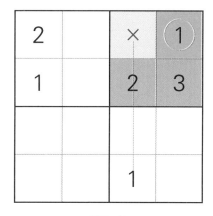

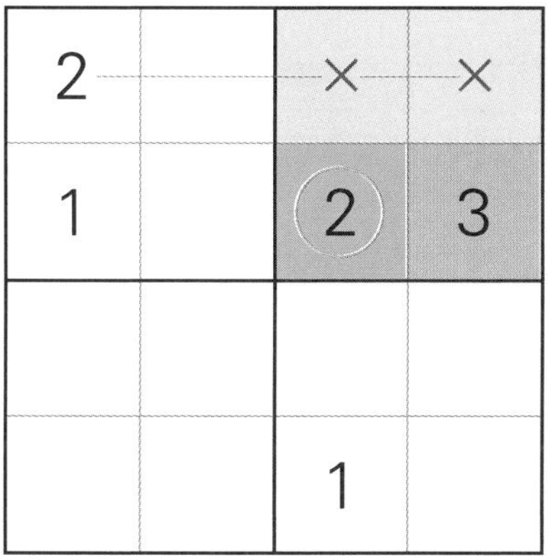

图3-4   图3-5

第3步：如图3-6所示，第二宫中只剩下一个空格，显然，R1C3=4。这种方法与行（列）唯一法原理相同，称为**宫唯一法**。

第4～第6步：如图3-7所示，第一行，根据行唯一法，R1C2=3；

2		4	1
1		2	3
		1	

图3-6

2	3	4	1
1	4	2	3
		3	
		1	

图3-7

第二行，根据行唯一法，R2C2=4；

第三列，根据列唯一法，R3C3=3。

第7步：如图3-8所示，注意点算R3C1的余数。不同于拉丁方阵，数独盘面中，空格的同位群不但包含其所在的行和列，还包含其所在的宫。

根据余数唯一法，得到R3C1=4。

第8、第9步：如图3-9所示，根据余数唯一法，点算R3C4的余数，得到R3C4=2；

2	3	4	1
1	4	2	3
4		3	
		1	

图3-8

2	3	4	1
1	4	2	3
4		3	2
	2	1	

图3-9

第二列，根据列排除法，得到R4C2=2。

第10～第12步：如图3-10所示，第三行，根据行唯一法，R3C2=1；

第四宫，根据宫唯一法，得到R4C4=4；

第三宫，根据宫唯一法，得到R4C1=3。

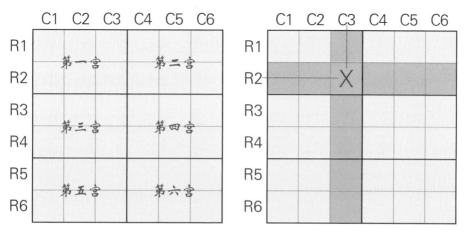

2	3	4	1
1	4	2	3
4	1	3	2
3	2	1	4

图3-10

六阶数独

图3-11

图3-11是标准的六阶数独的游戏盘面。行用R1、R2、R3、R4、R5、R6表示；列用C1、C2、C3、C4、C5、C6表示；宫由2×3表格构成，分别用第一宫、第二宫、第三宫、第四宫、第五宫、第六宫表示。

如图3-12所示，方格A的所有同位格集体构成了它的同位群。六阶数独中，一个方格的同位群有12个同位格。如果方格A是另一个方格B的同位格，那么，方格A和方格B一定是同属于一个单元（或者同宫，或者同行，或者同列）。

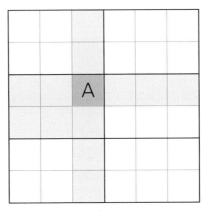

图3-12

六阶数独的规则

1. 六阶数独的宫由2×3的表格构成，标准数独盘面由3×2的宫排列构成。

2. 在6×6的表格中，要求每一行、每一列以及每一宫中都要填入数字1~6。

3. 终盘唯一。

例题3.2

如图3-13所示，这是一道标准的六阶数独习题，已经给定了9个提示数，你能将其他空格中的数字填写完成吗？

5			4		
	3				
			3		4
		1	6		
1		2			

图3-13

解答

第1步：数独游戏的**终盘唯一**，意味着每个空格都有唯一解。

如图3-14所示，注意第一宫，宫排除法，得到R1C2=1。

第2步：如图3-15所示，注意第一宫，宫排除法，得到R2C1=2。

5	①	×	4		
×	3	×			
			3		4
		1	6		
1		2			

图3-14

5	1	×	4		
②	3	×			
			3		4
		1	6		
1		2			

图3-15

第3步：如图3-16所示，第三列，列排除法，得到R5C3=3。

第4、第5步：如图3-17所示，第一宫，宫排除法，得到R2C3=4；

第四宫，宫排除法，得到R3C5=1。

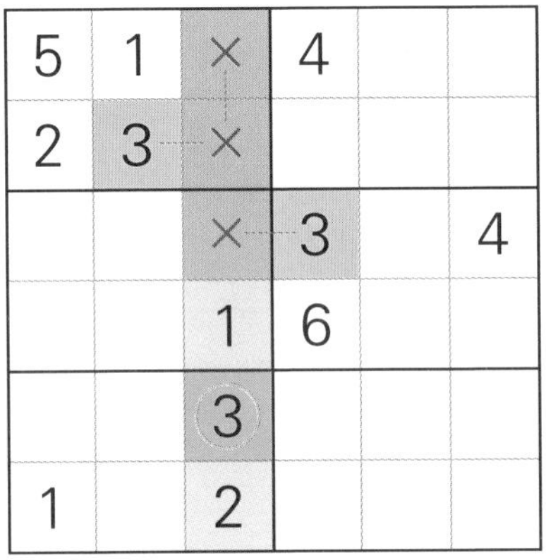

5	1	×	4		
2	3	×			
		×	3		4
		1	6		
		3			
1		2			

图3-16

5	1	×	4		
2	3	4			
			3	1	4
			1	6	×	×
				3	
1			2		

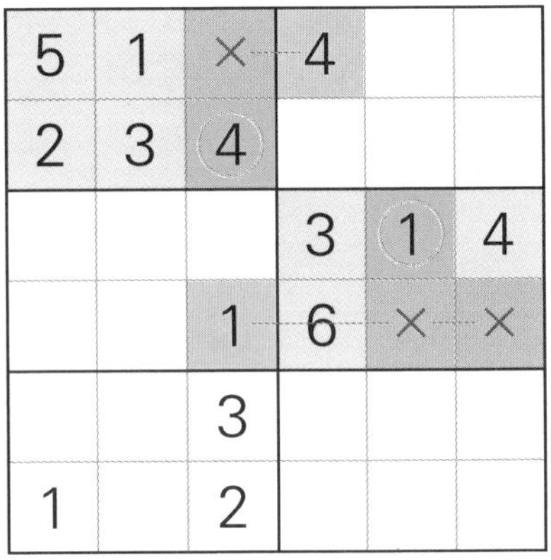

图3-17

第6步：如图3-18所示，注意第一宫，宫唯一法，R1C3=6。

第7步：如图3-19所示，注意第三列，根据列唯一法，得到R3C3=5。

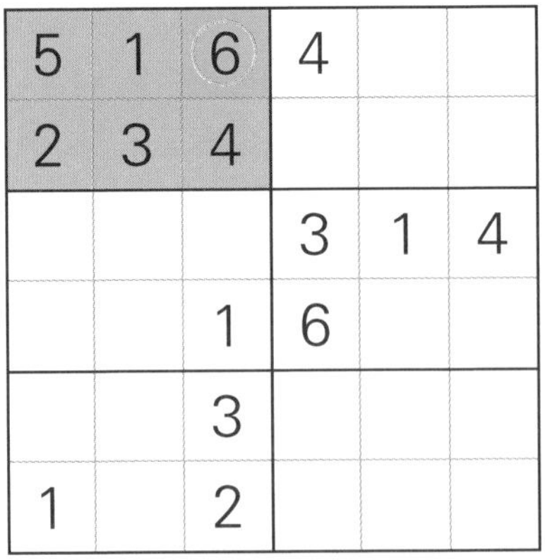

5	1	6	4		
2	3	4			
			3	1	4
			1	6	
			3		
1			2		

图3-18

5	1	6	4		
2	3	4			
		5	3	1	4
		1	6		
		3			
1		2			

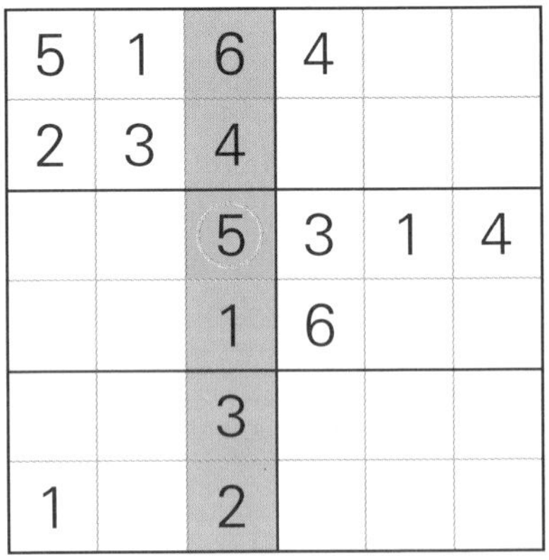

图3-19

第8步：如图3-20所示，第四列，点算R6C4的余数，根据余数唯一法，R6C4=5。

第9、第10步：如图3-21所示，第四列，列排除法，R5C4=2；

第三行，行排除法，R3C2=2。

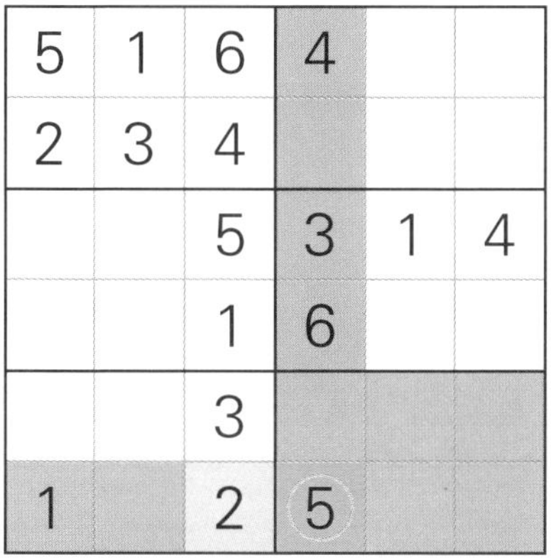

图3-20

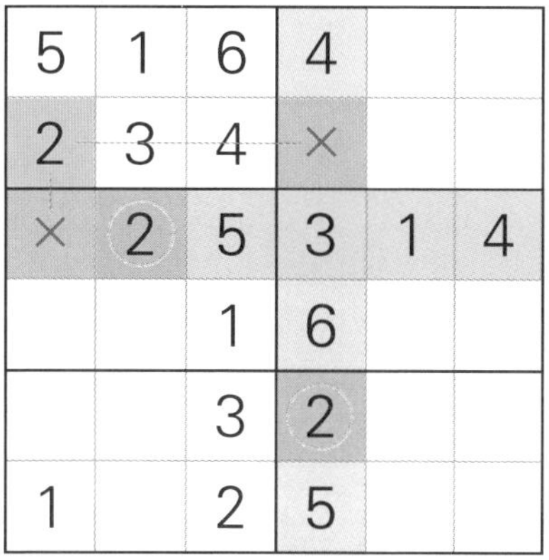

图3-21

第11、第12步：如图3-22所示，第四列，根据列唯一法，R2C4=1；

第三行，根据行唯一法，R3C1=6。

第13、第14步：如图3-23所示，第三宫，根据宫排除法，得到

R4C1=3；

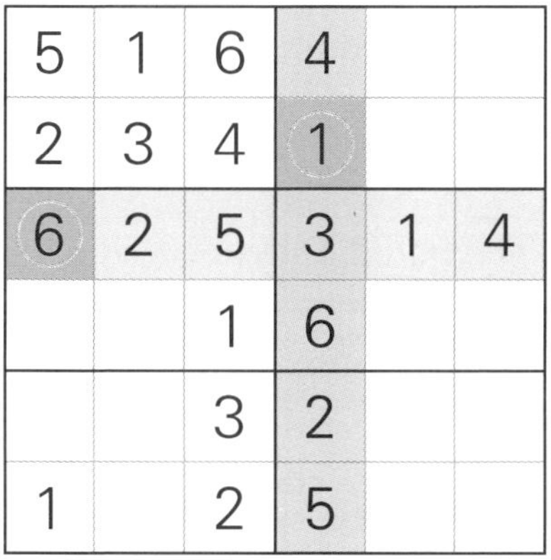

图3-22

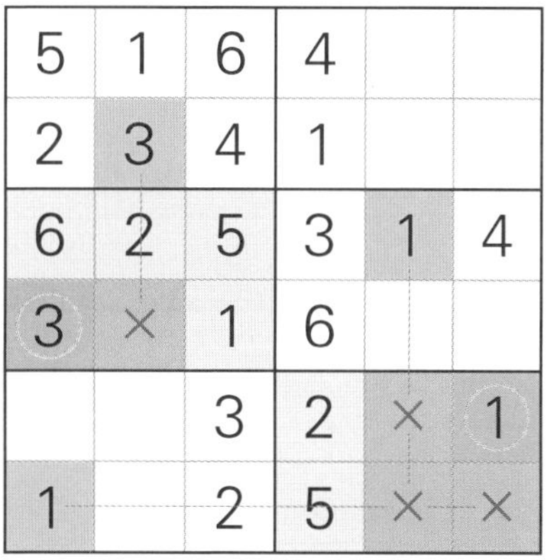

图3-23

第六宫，根据宫排除法，得到R5C6=1。

第15、第16步：如图3-24所示，第四宫，根据宫唯一法，得到R4C2=4；第五宫，根据宫排除法，得到R5C1=4。

第17步：如图3-25所示，第六宫，根据宫排除法，得到R6C5=4。

5	1	6	4		
2	3	4	1		
6	2	5	3	1	4
3	④	1	6		
4	×	3	2		1
1	×	2	5		

图3-24

5	1	6	4		
2	3	4	1		
6	2	5	3	1	4
3	4	1	6		
4		3	2	×	1
1		2	5	④	×

图3-25

第18、第19步：如图3-26所示，第五宫，宫排除法，R5C2=5；第六宫，宫排除法，R6C6=3。

第20、第21步：如图3-27所示，第五宫，宫唯一法，R6C2=6；第六宫，根据宫唯一法，R5C5=6。

5	1	6	4		
2	3	4	1		
6	2	5	3	1	4
3	4	1	6		
4	⑤	3	2	×	1
1	×	2	5	4	③

图3-26

5	1	6	4		
2	3	4	1		
6	2	5	3	1	4
3	4	1	6		
4	5	3	2	⑥	1
1	⑥	2	5	4	3

图3-27

第22步：如图3-28所示，第二宫，宫排除法，R1C5=3。

第23步：如图3-29所示，第一行，行唯一法，R1C6=2。

5	1	6	4	3	×
2	3	4	1	×	×
6	2	5	3	1	4
3	4	1	6		
4	5	3	2	6	1
1	6	2	5	4	3

图3-28

5	1	6	4	3	2
2	3	4	1		
6	2	5	3	1	4
3	4	1	6		
4	5	3	2	6	1
1	6	2	5	4	3

图3-29

第24步：如图3-30所示，第二宫，宫排除法，R2C6=6。

第25步：如图3-31所示，第四宫，宫排除法，R4C5=2。

5	1	6	4	3	2
2	3	4	1	×	6
6	2	5	3	1	4
3	4	1	6		
4	5	3	2	6	1
1	6	2	5	4	3

图3-30

5	1	6	4	3	2
2	3	4	1		6
6	2	5	3	1	4
3	4	1	6	2	×
4	5	3	2	6	1
1	6	2	5	4	3

图3-31

第26、第27步：如图3-32所示，第二宫，宫唯一法，R2C5=5；第四宫，宫唯一法，R4C6=5。

5	1	6	4	3	2
2	3	4	1	⑤	6
6	2	5	3	1	4
3	4	1	6	2	⑤
4	5	3	2	6	1
1	6	2	5	4	3

图3-32

例题3.3

如图3-33所示，可以应用列排除法，在第一列得到R5C1=3。现在，要求直接用较少的步骤判断出R5C3中的数字是什么，你能做到吗？

5		1			
6			5	1	
		4			
	3				
			4	5	
4	5		6		1

图3-33

解答

这个例题提供了应用数对的解题技巧。

如图3-34所示，对R6C3取余数，R6C3中的余数为2和3。

然后，对R2C3取余数，这个空格的同位群中已经出现了数字1、4、5、6，因此，R2C3的余数也为2和3。

这样，在第三列中，R2C3和R6C3中存在唯一数组，即数对{2,3}。

5		1			
6		23	5	1	
		4			
	3				
		6	4	5	
4	5	23	6		1

图3-34

因为数对{2,3}恰好出现在R5C3的同位群中，也就是说数字2和3已经确定出现在R5C3的同位群中。对R5C3取余数，根据余数唯一法，得到R5C3=6。

习题三

#301

4			3
	2		
		3	
2			1

解题时间【 】

#302

	1	3	
4			
			3
	4	2	

解题时间【 】

#303

3			1
	4		
		1	
4			2

解题时间【 】

#304

1			
	2	3	
	1	4	
			3

解题时间【 】

#305

		3	2
4			
			3

解题时间【 】

#306

			2
	1		
		2	3

解题时间【 】

#307

		2			1
3			2		

解题时间 [ ]

#308

		2		
				4
				3
		1		

解题时间 [ ]

#309

			2
	4		
		1	
		1	

解题时间 [ ]

#310

		3		4
2	4			3

解题时间 [ ]

#311

6				5	1
					6
	3				
	1	6			
		3	1		4
	2				

解题时间 [ ]

#312

					1
	2				3
3					
6				5	
	6				
				2	4

解题时间 [ ]

#313

4					3
	1				
		2	1		5
6					
			2	3	

解题时间 〔   〕

#314

	2	6			
	1				
			6		1
		2	5	3	
4			2		

解题时间 〔   〕

#315

		6	4		1
3					
1	2				6
4			6		
	1				4

解题时间 〔   〕

#316

	6		4		5
	2				
1					
		2	6		
					4
	1			6	

解题时间 〔   〕

#317

2					
	3			5	
5				2	3
3			6		
1					
		2		4	

解题时间 〔   〕

#318

4		3	1		
				5	
	1				
					4
				2	
2					6

解题时间 〔   〕

#319

			6		
	6	2			1
			3		
				4	
	2	3			
		1		2	

解题时间 〔　〕

#320

		3	4		
	1				6
5	6				
			2		
3	2			5	

解题时间 〔　〕

#321

	3		2		
			1		
5		2			4
		4			3
			1		

解题时间 〔　〕

#322

2				5	
4					1
					6
3					4
			3		
			2	6	

解题时间 〔　〕

#323

		2	3		
1					6
					4
	3		5		
					1
		5			

解题时间 〔　〕

#324

			1		5
	6				
3					4
		2			
			6	5	
1					

解题时间 〔　〕

#325

1	6				
				2	
					3
		4		5	
	2			4	1

解题时间【　】

#326

					6
6				4	
1					3
		3			
4			1		2
		5			

解题时间【　】

#327

	6		1		
			2		
	2				6
		1	5		
4					
		5			

解题时间【　】

#328

		2	1		
	3				
6		5			
			4		
5					
		1		2	

解题时间【　】

#329

	3	4			
				2	
	2				5
1				5	
		6		1	2

解题时间【　】

#330

6				2	
			1	5	
		4			
				6	
5					
	4	3			

解题时间【　】

第四章

杀手数独入门：
组合的艺术

数独的流行衍生了许多变型数独游戏，杀手数独就是其中最有代表性的一种。杀手数独（Killer Sudoku）结合了算术运算、数字组合以及数独的玩法。

杀手数独与数独最大的区别在于给定的初始条件不同。数独给定的是提示数，而杀手数独给定的是区以及区内的数字之和。在杀手数独的游戏盘面上，这些区被用红色（或蓝色）的虚线（或细线）绘制出一个连通的区域；在区的左上角，会标出一个数字，表示区内的数字之和。同时，杀手数独中规定，给定区内数字不重复。

玩数独，需要观察和推理，玩杀手数独，还需要运算和组合，这将极大地挑战我们的细心和耐心。

四阶杀手数独

四阶杀手数独的游戏规则

1. 在4×4的表格中分别填入1～4的数字。

2. 每一行、每一列以及每一宫都要分别填入1～4的数字。

3. 虚线框内构成一个区，区的左上角的数字代表区内的数字之和。

4. 区内数字不重复。

5. 终盘唯一。

 例题4.1

如图4-1所示，这是一道四阶杀手数独习题，请在空格中填入正确的数字。

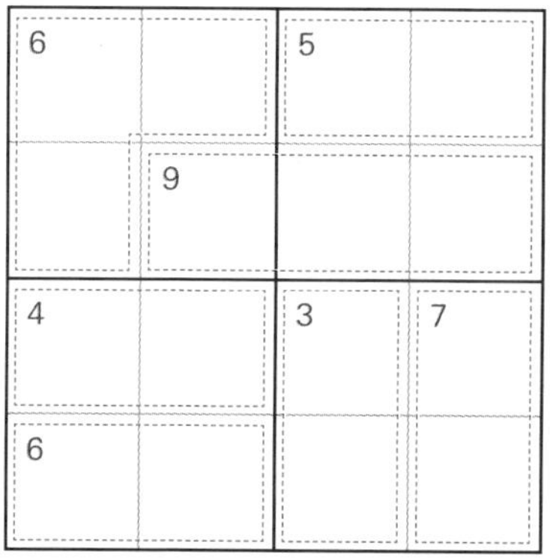

图4-1

解答 ►►►

玩任何与数学有关的智力游戏，一定要始终盯住规则，毋庸置疑。杀手数独规定，每一个单元（行、列或宫）内都要填入1～4，这一点与四阶数独完全一致。

对于一个单元（行、列或宫）而言，内部的数字之和是给定的，就是1+2+3+4=10，可以简记为10{4}，表示四个不重复的数相加等于10。

四阶杀手数独规定，区内的数字不重复，实际上也就限制了给定区的大小，最大的区有四个方格，并且任何有四个方格的区都满足10{4}。这样看起来，行也好，列也好，宫也好，都是一个特殊的区。

本题中，注意第一宫中的区，可以用6{R1C1,R1C2,R2C1}来表示一个区，{}左边的数字是该区的数字和，即R1C1+R1C2+R2C1=6。

这样，本题所有的区可以表示如下：

6{R1C1,R1C2,R2C1}   5{R1C3,R1C4}   9{R2C2,R2C3,R2C4}

4{R3C1,R3C2}   6{R4C1,R4C2}   3{R3C3,R4C3}

7{R3C4,R4C4}

第1步：如图4-2所示，注意观察第一宫的6{3}以及第二宫的5{2}这两个区，涵盖了五个方格，其中四个方格属于第一行。已知条件：

$$R1C1+R1C2+R2C1=6$$

$$R1C3+R1C4=5$$

$$R1C1+R1C2+R1C3+R1C4=10$$

如图4-2所示，推导出R2C1=1。

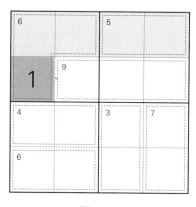

图4-2

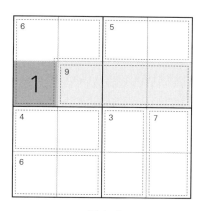

图4-3

这种解题的算法称为**单元损益法**，在杀手数独中会经常用到。如果若干个区包含了一个（或多个）完整的单元，并且有多出来的部分，就可以将多出来的空格的数字之和求出来。特别地，当多出来的空格只有一个，就可以将这个空格的数字解出来。

同时，如果若干个区被包含在一个（或多个）单元内，并且有缺失的部分，就可以将缺失部分空格的数字之和求出来。特别地，当缺失部分空格只有一个，就可以将这个空格内的数字解出来。

在图4-3中，方格R2C1和9{R2C2,R2C3,R2C4}组合构成了第二行，可以被认为是第二行缺失的部分，得出R2C1=10-9=1。

第2、第3步：如图4-4所示，对于第三宫的区4{R3C1,R3C2}，只有一个数组满足条件，即数对{1,3}。

本书用s{m}来表示具有m个不同方格的区，同时，也用s{m}表示m个不重复的数之和为s。对于四阶杀手数独而言，有以下几种数字组合算式：

3{2}=1+2 6{3}=1+2+3

7{2}=4+3 9{3}=4+3+2

$6\{2\}=2+4$ $8\{3\}=1+3+4$

$4\{2\}=3+1$ $7\{3\}=4+2+1$

$5\{2\}=1+4=2+3$ $10\{4\}=1+2+3+4$

四阶数独的数字组合规律相对简单，除了$5\{2\}$以外，其他条件下都存在唯一数组。唯一数组的数字被锁定在若干固定的方格中，利用这个性质，唯一数组可以灵活应用于排除法和余数法。特别地，当唯一数组恰好出现在一个单元中，就会形成数对或数集。

如图4-5所示，因为$R2C1=1$，对数对$\{1,3\}$应用排除法，得到$R3C2=1$及$R3C1=3$。

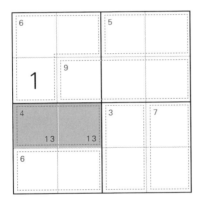

图4-4

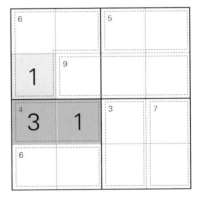

图4-5

第4步：如图4-6所示，观察第二宫的两个区$5\{2\}$和$9\{3\}$，根据单元损益法，得到$R2C2=9+5-10=4$。另一个角度，对于第一宫应用单元损益法，得到$R2C2=10-6=4$。

注意第三宫中的区$6\{R4C1,R4C2\}$，只有一个数组满足条件，$6=2+4$，该区形成数对$\{2,4\}$。

第5、第6步：如图4-7所示，方格R2C2=4，根据数对排除法，R4C1=4
以及R4C2=2。

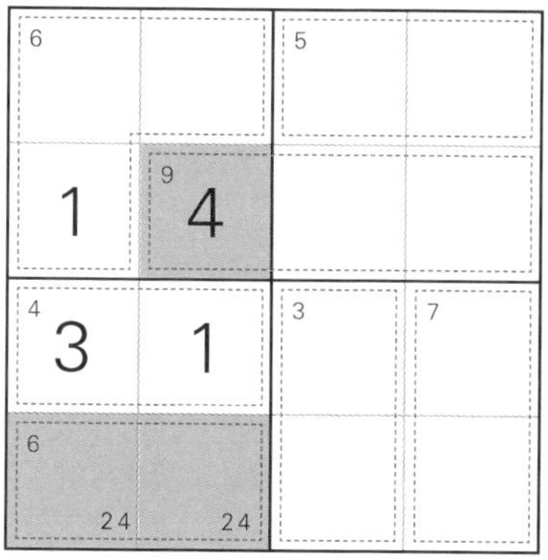

图4-6

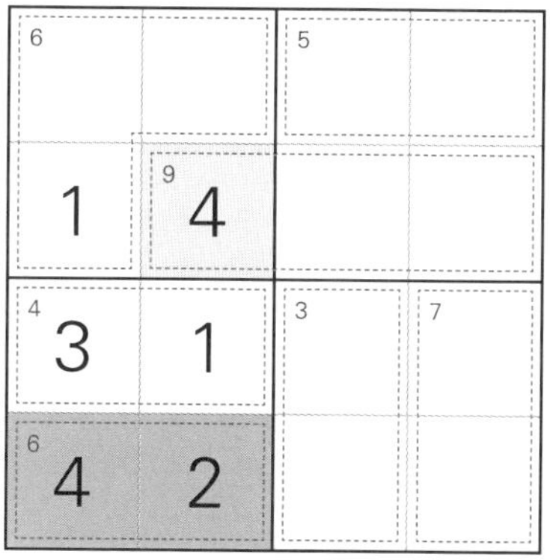

图4-7

第7、第8步：如图4-8所示，观察第一列和第二列，分别余下两个空
格，根据列唯一法，得到R1C1=2及R1C2=3。

第9～第12步：如图4-9所示，注意观察第四宫的区3{2}，因为
3{2}=1+2，属于唯一数组，形成数对{1，2}。

根据排除法，得到：R3C3=2、R4C3=1。

再根据行唯一法，R3C4=4以及R4C4=3。

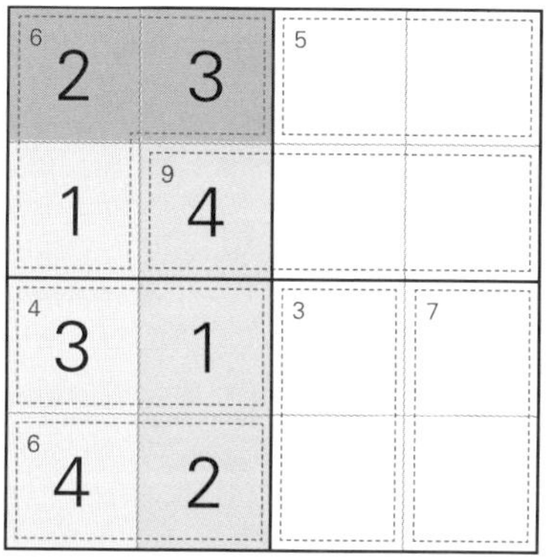

图4-8

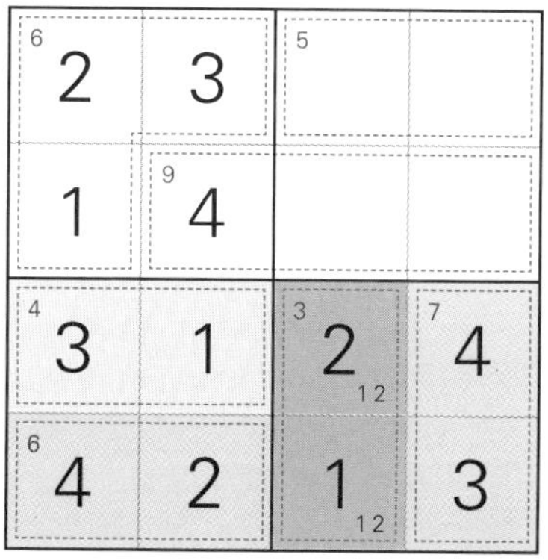

图4-9

第13～第16步：至此，游戏盘面中的数字已经足够多了，完全可以当作一道普通的标准数独游戏来解决余下的工作，区及其提示符可以起到参考及验证的作用。

如图4-10所示，对于第二宫，因为9{3}=2+3+4，可以知道R2C3和R2C4形成数对{2,3}，根据排除法，R2C3=3，R2C4=2。

根据列唯一法，第三列，R1C3=4；第四列，R1C4=1。解题完毕。

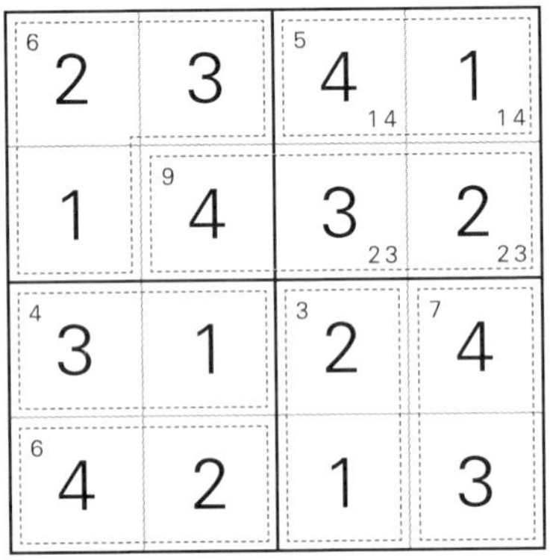

图4-10

四阶杀手数独，唯一数组的数量较多，相对简单，入门阶段多做四阶数独的习题，有助于掌握解决杀手数独游戏的技巧。

熟练使用加法运算的数字组合，并结合标准数独的解题技巧，是解决杀手数独的不二法门。

六阶杀手数独

六阶杀手数独的游戏规则

1. 在6×6的表格中分别填入1～6的数字。
2. 每一行、每一列以及每一宫都要分别填入1～6的数字。
3. 虚线框内构成一个区，区的左上角的数字代表区内的数字之和。
4. 区内数字不重复。
5. 终盘唯一。

例题4.2

如图4-11所示，这是一道六阶杀手数独习题，请在空格中填入正确的数字。

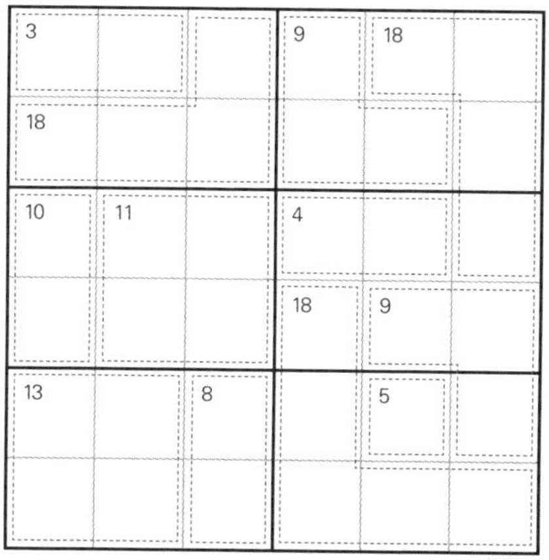

图4-11

解答

第1步：如图4-12所示，注意第五行，R5C5属于独立方格，得到R5C5＝5。

与聪明方格相同，在解决杀手数独的开始阶段，尤其要注意查找独立方格。

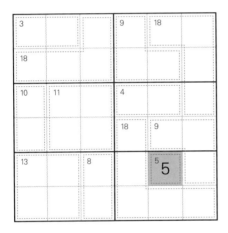

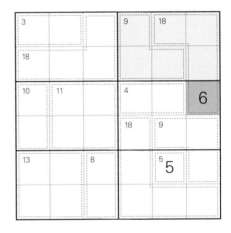

图4-12

图4-13

第2步：观察单元损益法的应用条件是顺利找到空格唯一解的好途径。

六阶杀手数独的单元（行、列、宫）的数字和为

21{6}=1+2+3+4+5+6

如图4-13所示，注意观察第二宫，区9{3}+18{4}包含了第二宫，根据单元损益法，R3C6=(9+18)−21=6。

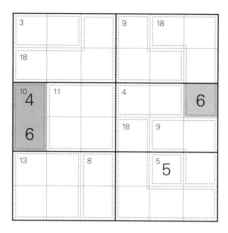

图4-14

第3、第4步：如图4-14所示，注意第三宫中的区10{R3C1,R4C1}，六阶杀手数独中，满足该区条件的只有一个数组，10{2}=4+6，形成数对{4,6}。

根据数对排除法，R4C1=6及R3C1=4。

在六阶杀手数独中，唯一数组的形成条件比四阶数独少了许多。

1.针对两个方格构成的区s{2}，有以下的数字组合：

3{2}=1+2   4{2}=1+3

11{2}=6+5   10{2}=6+4

5{2}=1+4=2+3   6{2}=1+5=2+4

9{2}=6+3=5+4   8{2}=2+6=3+5

7{2}=1+6=2+5=3+4

其中，存在唯一数组的只有3{2}、4{2}、10{2}、11{2}四种条件。

2. 针对三个方格构成的区 s{3}，有以下的数字组合：

6{3}=1+2+3   7{3}=1+2+4

15{3}=6+5+4   14{3}=6+5+3

8{3}=1+2+5=1+3+4   9{3}=1+2+6=1+3+5=2+3+4

13{3}=6+5+2=6+4+3   12{3}=6+5+1=6+4+2=5+4+3

10{3}=1+3+6=1+4+5=2+3+5

11{3}=6+4+1=6+3+2=5+4+2

这些数字组合算式不需要去死记硬背。以10{3}为例，先在1～6中取最小的两个数字1和2，需要1+2+7=10，7不在1～6之间，就在这个数组{1,2}上增加1，得到{1,3}，1+3+6=10。然后，再对这个数组进行重新调整生成新数组。要保持数组之和不变，某一个数字增加意味着另一个数字减少，并且不能有重复数字出现，有了这些原则，各种条件下的数字组合就不难掌握了。

3. 针对四个方格构成的区 s{4}，有以下的数字组合：

10{4}=1+2+3+4   11{4}=1+2+3+5

18{4}=6+5+4+3   17{4}=6+5+4+2

12{4}=1+2+3+6=1+2+4+5   13{4}=1+2+4+6=1+3+4+5

16{4}=6+5+4+1=6+5+3+2   15{4}=6+5+3+1=6+4+3+2

14{4}=6+5+2+1=1+3+4+6=5+4+3+2

4. 针对五个方格构成的区s{5}，有以下的数字组合：

15{5}=1+2+3+4+5   16{5}=1+2+3+4+6

20{5}=6+5+4+3+2   19{5}=6+5+4+3+1

17{5}=1+2+3+5+6

18{5}=6+5+4+2+1

仔细地分析就会发现，10{4}和11{2}、11{4}和10{2}、12{4}和9{2}以及
15{5}和6{1}等关系之间都具有互补关系，利用这些互补关系可以帮助我们快
速掌握这些数组及其相互之间的关系。

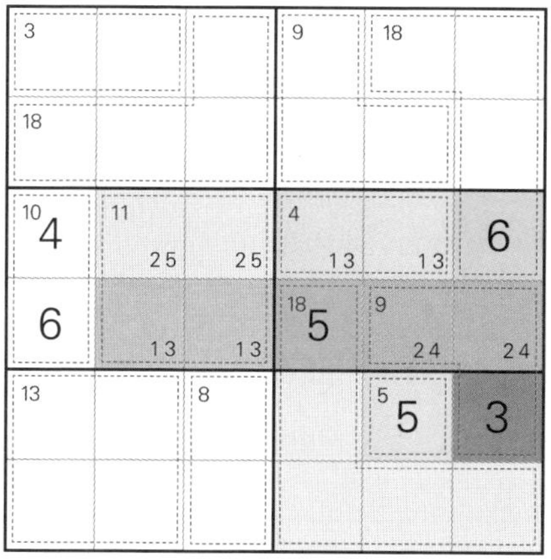

图4-15

第5、第6步：如图4-15所示，注意第四宫和第六宫中的区18{5}，
18{5}=1+2+4+5+6，该区存在唯一数组，而第六宫中R5C5=5，这样，
R5C4、R6C4、R6C5和R6C6均排除了数字5，根据区排除法，R4C4=5。

注意观察第四宫的区4{2}，R3C4和R3C5中存在数对{1,3}。

这样，第四宫中，剩下的两个空格R4C5和R4C6中，存在数对{2,4}。

注意观察第四宫和第六宫中的区9{3}，有R5C6=9-(2+4)=3。

在计算过程中，会发现新区块，当新区块和给定区之间交叉重叠时，就可以利用各自数组之间的关系，得到更多的有用的结果，甚至获得空格的唯一解。

用第四宫中的数对{1,3}对第三宫应用排除法，会发现方格R4C2和R4C3也存在数对{1,3}，用这种方法形成的数对被称为**排除数对**。

这样，第三宫剩下的方格R3C2及R3C3就形成余数数对{2,5}。

第7、第8步：如图4-16所示，注意观察第五宫中R5C3和R6C3的区8{2}，8{2}=3+5=2+6，存在两个候选的数组。第五行中，因为R5C5=5，R5C6=3，因此方格R5C3中排除了数字3和5。也就是说，R5C3和R6C3中排除了数组{3,5}，这样，该区的唯一数组找到了，即数对{2,6}。

再利用该数对{2,6}对第三宫的数对{2,5}应用排除法，得到R3C2=2及R3C3=5。

观察第五宫中的区13{4}，13{4}=1+2+4+6=1+3+4+5，有两个候选数组。因为数字2和6已经被第五宫中的区8{2}中的数对{2,6}锁定了，因此，R5C1、R5C2、R6C1和R6C2中的唯一数组就是{1,3,4,5}。

因为R5C5=5，R5C6=3，因此，对区13{4}应用排除法，得到排除数对{3,5}以及{1,4}。

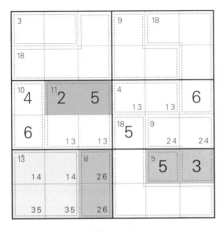

图4-16 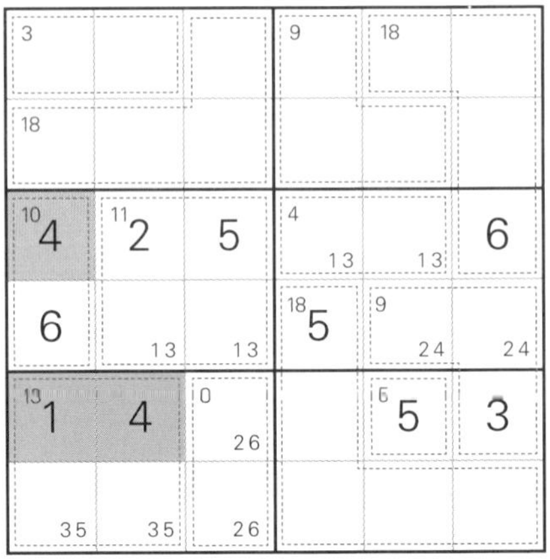　　　　　　　　图4-17

第9、第10步：如图4-17所示，因为R3C1=4，对第五宫的数对{1,4}应用排除法，得到R5C2=4及R5C1=1。

第11～第16步：如图4-18所示，注意观察第一宫，3{2}=1+2，存在唯一数组，即R1C1和R1C2中存在数对{1,2}。

因为R5C1=1，根据数对排除法，得到R1C2=1及R1C1=2。

因为R1C2=1，根据数对排除法，得到R4C3=1及R4C2=3。

因为R4C2=3，根据数对排除法，得到R6C1=3及R6C2=5。

第17、第18步：如图4-19所示，注意观察第一列，根据列唯一法，R2C1=5。

同理，第二列，R2C2=6。

这样，第一宫中，R1C3和R2C3中存在余数数对{3,4}。

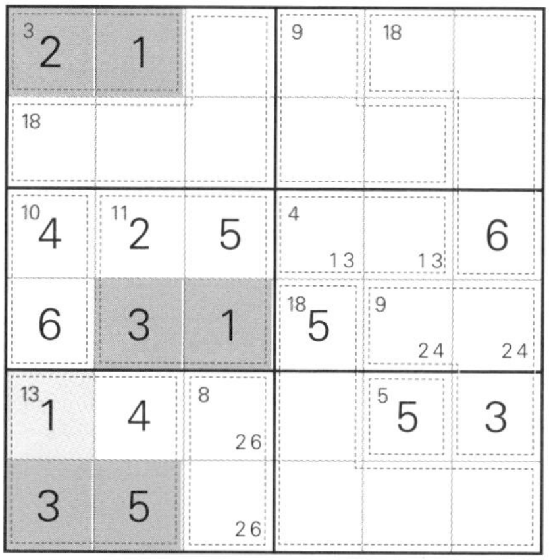

图4-18

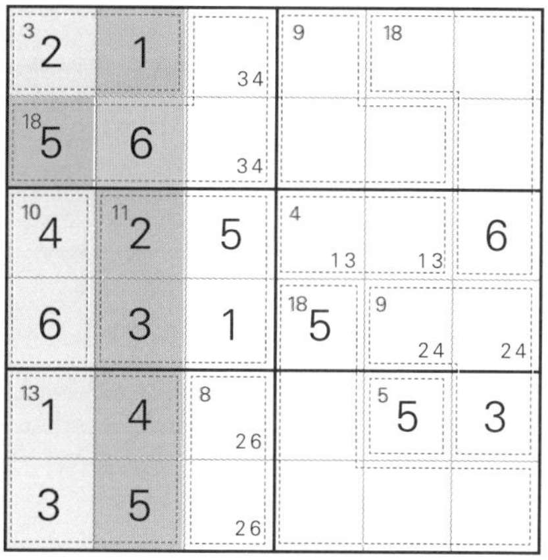

图4-19

第19～第23步：如图4-20所示，注意观察第二宫，因为R2C1=5，R4C4=5以及R5C5=5，根据宫排除法，得到R1C6=5。

注意第二宫和第四宫的区18{4}，18{4}=3+4+5+6，该区存在唯一数组{3,4,5,6}。

因为R1C6=5，R3C6=6，并且因此，第二宫区18{4}中剩下的两个空格

R1C5和R2C6中存在余数数对{3,4}。

因为R5C6=3，对R1C5和R2C6应用排除法，得到R1C5=3，R2C6=4。

注意观察第一宫，因为R2C6=4，根据宫排除法，得到R1C3=4，然后根据宫唯一法，R2C3=3。

第24～第26步：如图4-21所示，第一行，根据行唯一法，R1C4=6。

对于第二宫，剩下的两个空格R2C4和R2C5中形成余数数对{1,2}。

注意第四宫中的区4{R3C4,R3C5}，存在唯一数组，4{2}=1+3，得到数对{1,3}。

因为R1C5=3，根据数对排除法，得到R3C4=3及R3C5=1。

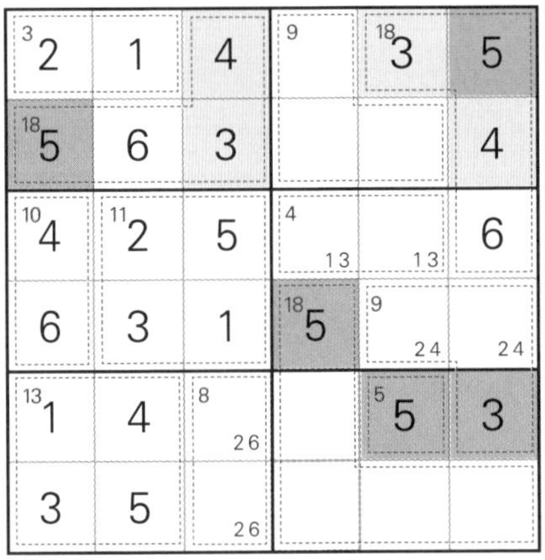

图4-20

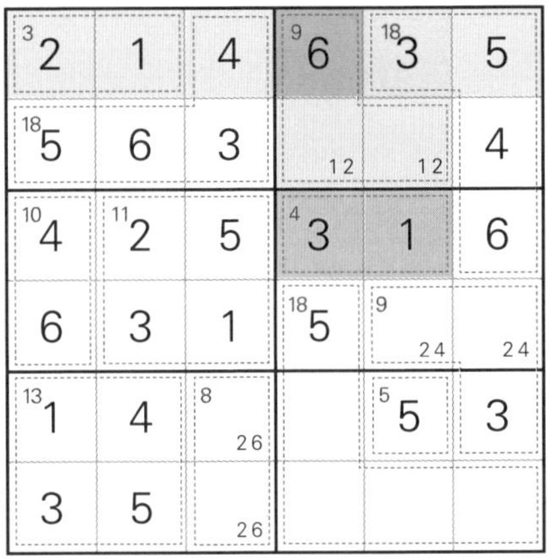

图4-21

第27～第30步：如图4-22所示，注意观察第二宫的数对{1,2}，由于R3C5=1，根据数对排除法，得到R2C4=1及R2C5=2。

注意第四宫存在数对{2,4}，由于R2C5=2，根据数对排除法，得到R4C5=4，R4C6=2。

第31～第36步：如图4-23所示，注意观察第五列，根据列唯一法，R6C5=6；

注意第六列，根据列唯一法，R6C6=1。

注意第五宫的数对{2,6}，由于R6C5=6，根据数对排除法，得到R5C3=6及R6C3=2。

然后，观察第五行，根据行唯一法，R5C4=2；

最后，第六宫，根据宫唯一法，R6C4=4。

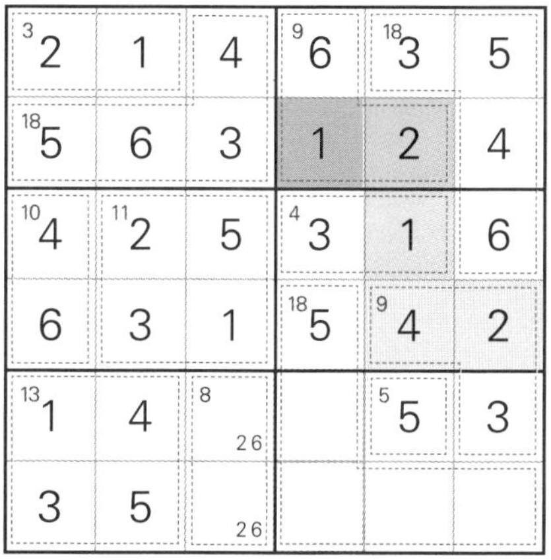

图4-22 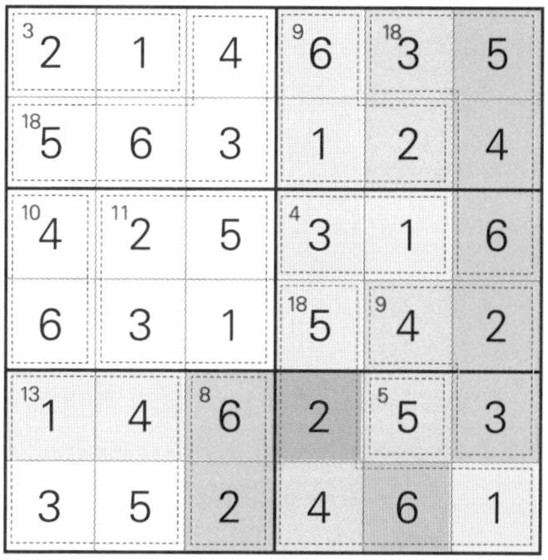　　　　　　　　　　　　　　图4-23

在杀手数独游戏中，当解出的数字越来越多，杀手数独就会逐渐演变成标准数独，同时，因为给定区的设定，解题的线索越来越多，游戏会变得越来越容易。

在杀手数独游戏的开始阶段，根据给定区及其数字之和解出空格中的唯一解就变得尤其关键。

例题4.3

如图4-24所示，这是一个六阶杀手数独习题。取得首解往往是一个游戏很好的开端，你能快速判断出阴影部分方格R5C4和R6C3中的唯一解吗？

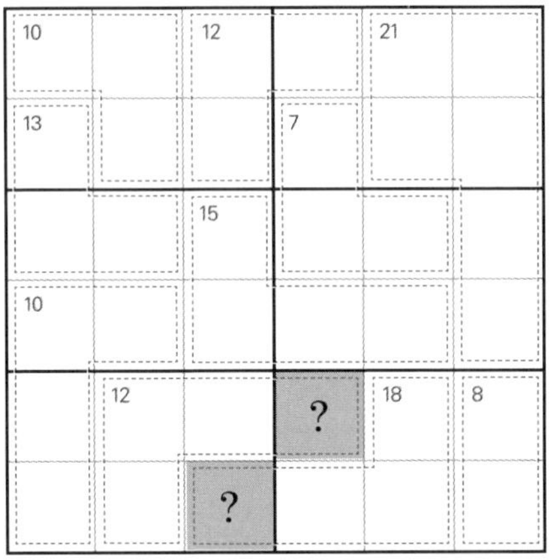

图4-24

解答

拿到一道杀手数独习题，当初始盘面上找不到独立方格的时候，就要想办法快速取得首解。这时候，建议关注的是盘面中具有唯一数组的区。

如图4-25所示，第五宫和第六宫中的区18{4}，18{4}=3+4+5+6，存在唯一数组{3,4,5,6}。

再观察第六宫中的区8{2}，因为8{2}=2+6=3+5，该区存在两个候选数组。

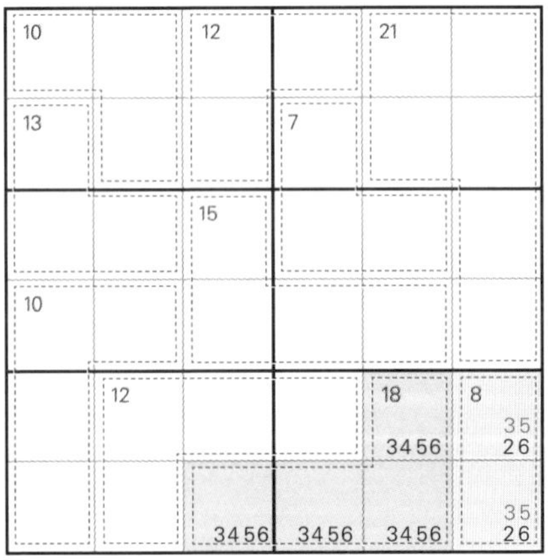

图4-25

首先，假设区8{2}中的数组是{3,5}，会怎么样？根据宫排除法，区18{4}在第六宫的三个方格R5C5、R6C4以及R6C5中的数字3和5被排除，只剩下4和6。三个方格，却只有两个数字可填，总会出现一个没有数字可填的空格，显然，假设不成立。因此，第六宫的区8{2}中的唯一数组是{2,6}，形成数对。

如图4-26所示，第六宫中，因为数对锁定了数字6，根据宫排除法，空格R5C5、R6C4以及R6C5中的数字6被排除，三个方格同属于第六宫，并且只有三个候选数字（简称候选数），符合三数集的条件，说明R5C5、R6C4以及R6C5中存在三数集{3,4,5}。据此，得到R6C3=6。

当区中其他空格中的数字都确定了，只剩下一个空格的数字没有确定，这个空格中的数字就是该区中唯一没有出现的数字。这种方法与单元唯一法类似，被称为**区唯一法**。

注意观察第六宫，因为存在数对{2,6}和三数集{3,4,5}，根据宫唯一法，得到R5C4=1。

图4-26

 例题4.4

如图4-27所示，你能用较少的步骤判断出空格R1C1中的唯一解吗？

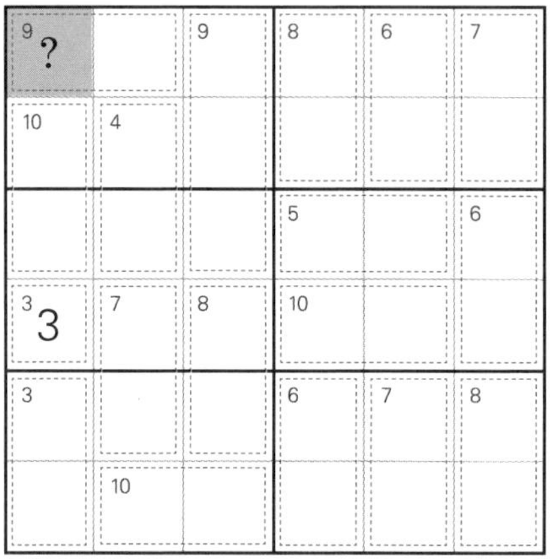

图4-27

解答 ▶▶▶

如图4-28所示，注意第二列中存在唯一数组的区4{2},该区存在数对{1,3}。

再看第二列中的区7{2}，7{2}=1+6=2+5=3+4，有三个候选数组。因为数对{1,3}锁定了数字1和3，因此，排除了该区出现数组{1,6}和{3,4}的可能性。这样，区7{2}的唯一数组就是数对{2,5}。

在第二列中，因为数对{1,3}和{2,5}的存在，因此，剩下的两个空格R1C2和R6C2中形成余数数对{4,6}。

注意第一宫的区9{2}，R1C1+R1C2=9，而R1C2的数字仅限于4和6，因此，R1C1中的数字也仅限于5和3。

再观察第一列，因为R4C1=3，这样，R1C1≠3。

综合以上，R1C1=5。

解题的过程中，当发现了新的区块、数对或数集，通过与给定区进行组合匹配，就会得到积极的结果。

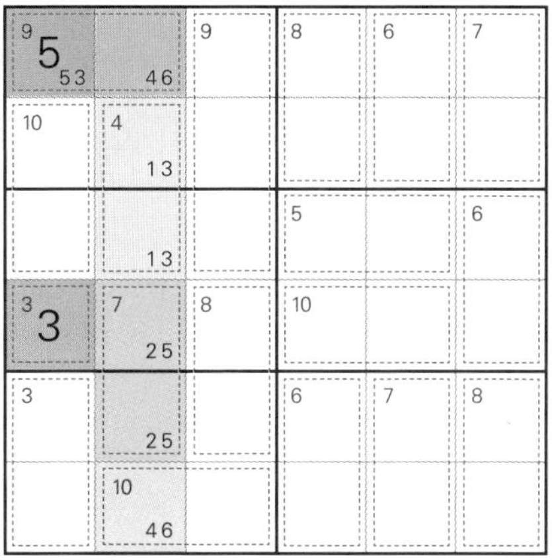

图4-28

习题四

#401

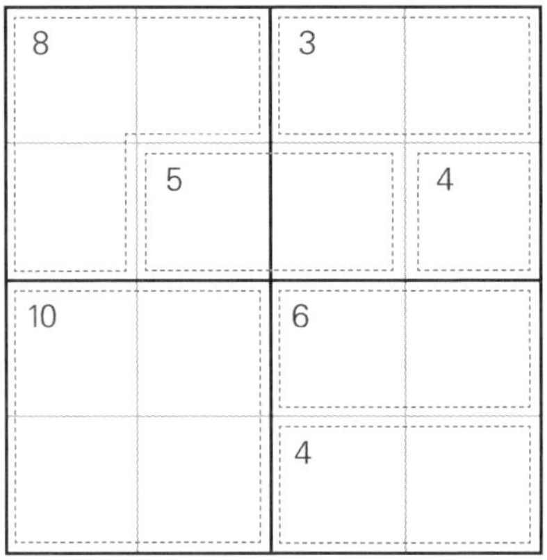

8
3
5
4
10
6
4

解题时间【 】

#402

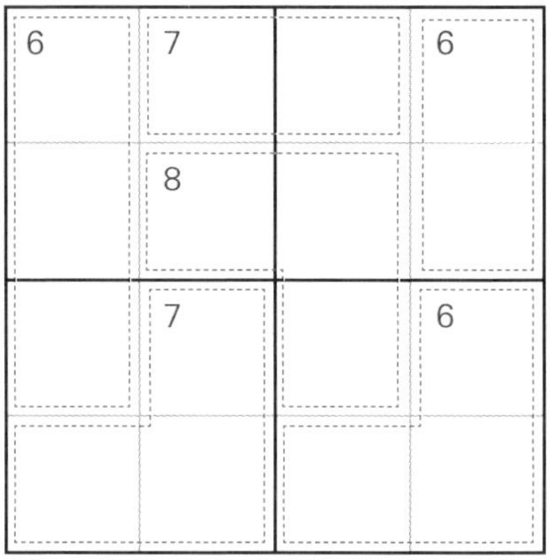

6
7
6
8
7
6

解题时间【 】

#403

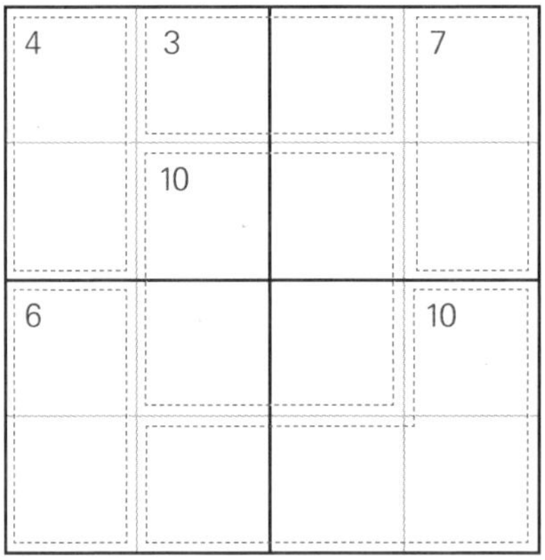

4
3
7
10
6
10

解题时间【 】

#404

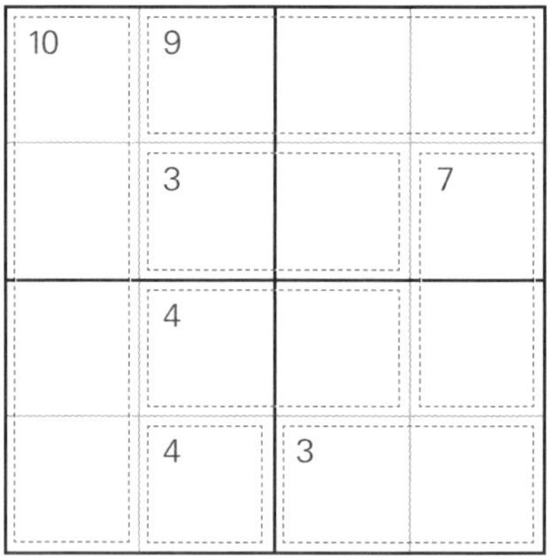

10
9
3
7
4
4
3

解题时间【 】

#405

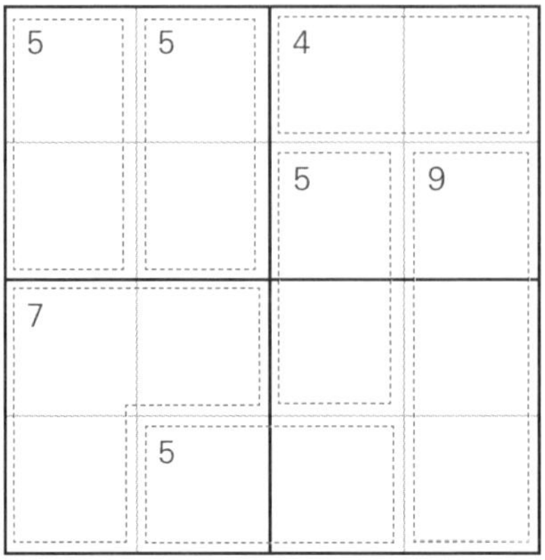

5
5
4
5
9
7
5

解题时间【 】

#406

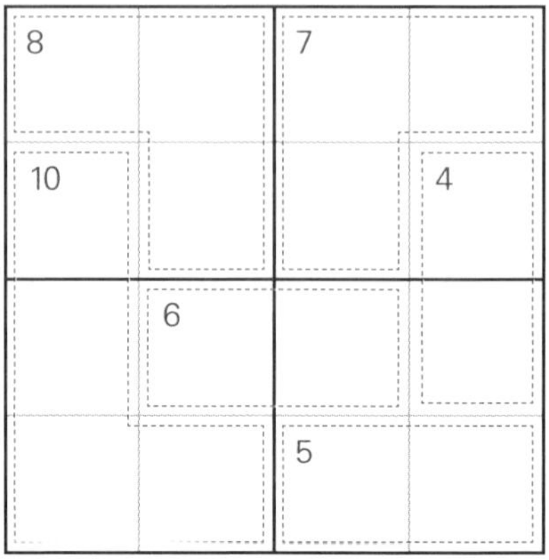

8
7
10
4
6
5

解题时间【 】

#407

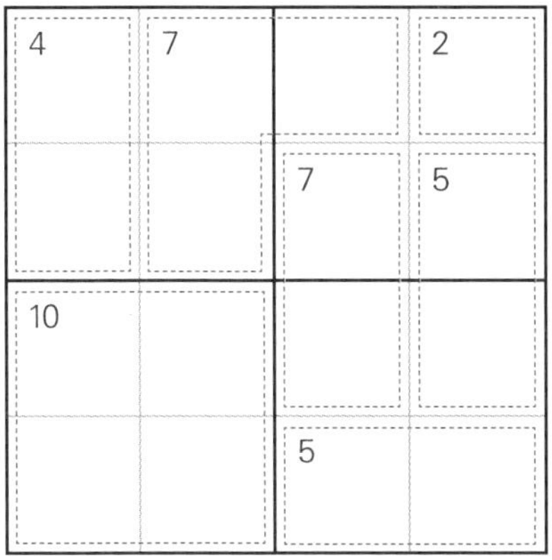

4	7		2
		7	5
10			
		5	

解题时间 [ ] [ ]

#408

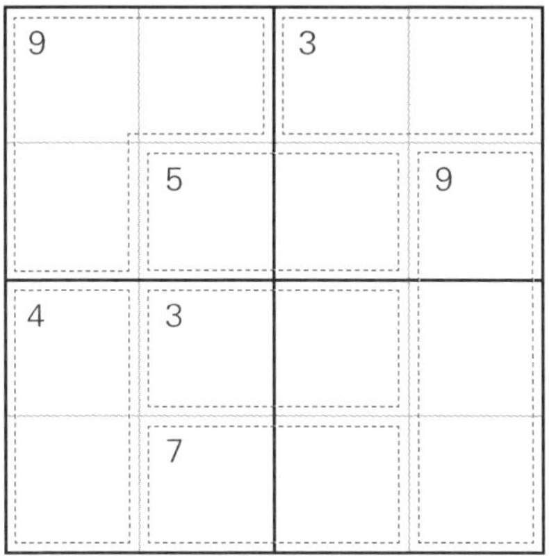

9		3	
	5		9
4	3		
	7		

解题时间 [ ] [ ]

#409

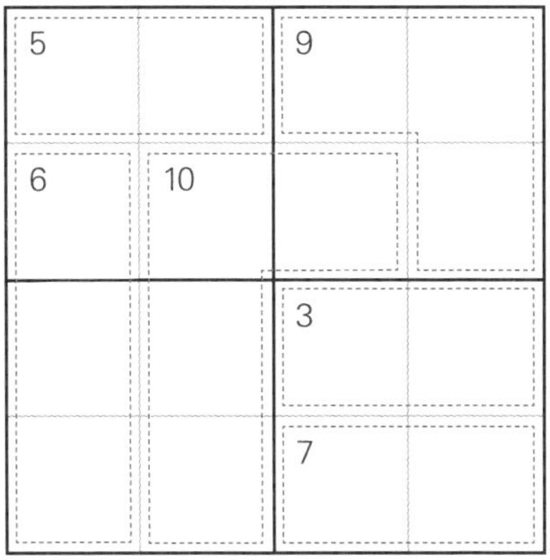

5		9	
6	10		
		3	
		7	

解题时间 [ ] [ ]

#410

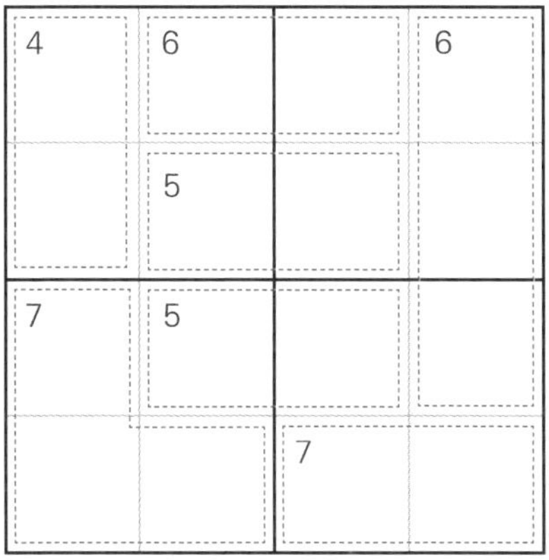

4	6		6
	5		
7	5		
		7	

解题时间 [ ] [ ]

#411

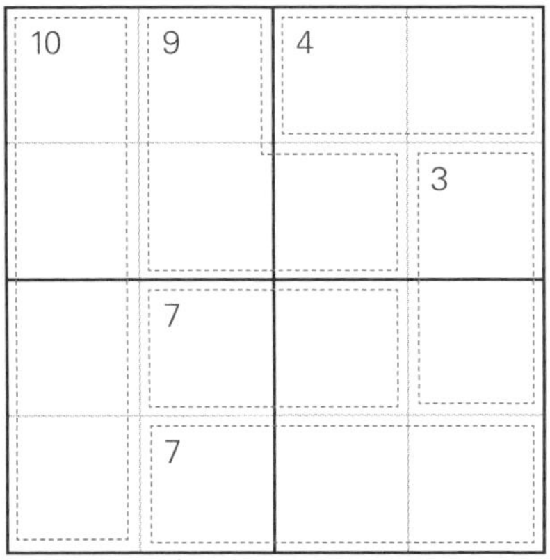

10	9	4	
			3
	7		
	7		

解题时间 [ ] [ ]

#412

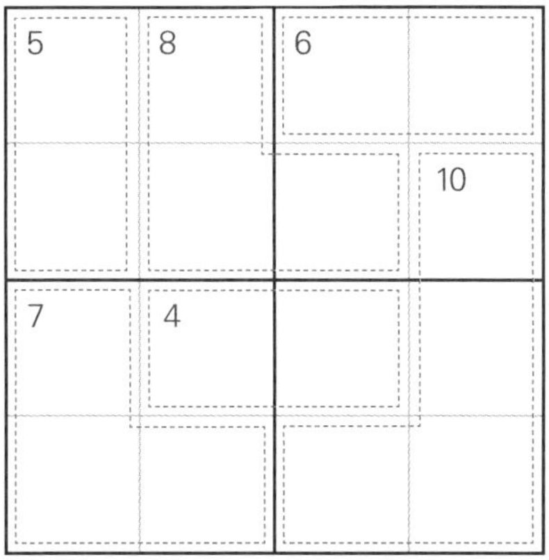

5	8	6	
			10
7	4		

解题时间 [ ] [ ]

#413

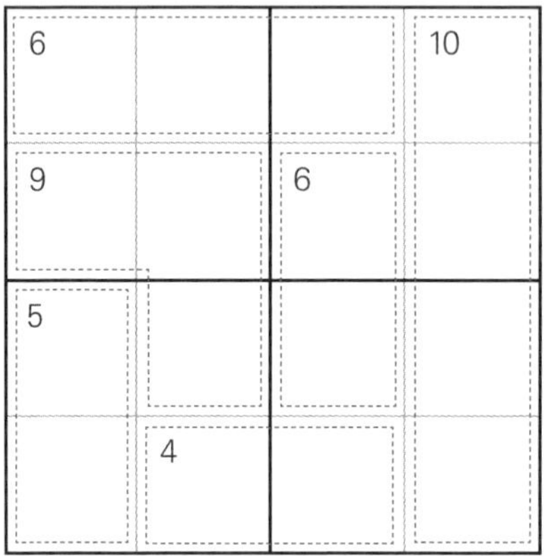

6				10
9		6		
5				
	4			

解题时间【 　 】

#414

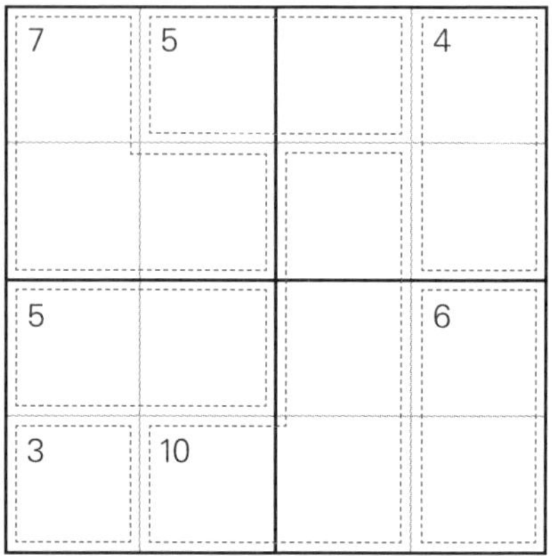

7	5		4	
5			6	
3	10			

解题时间【 　 】

#415

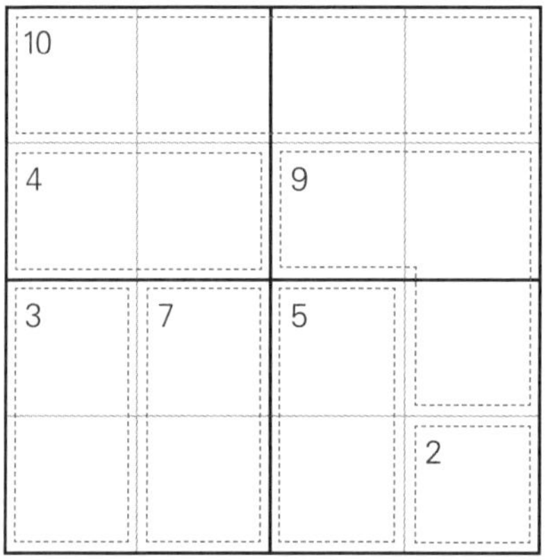

10				
4		9		
3	7	5		
			2	

解题时间【 　 】

#416

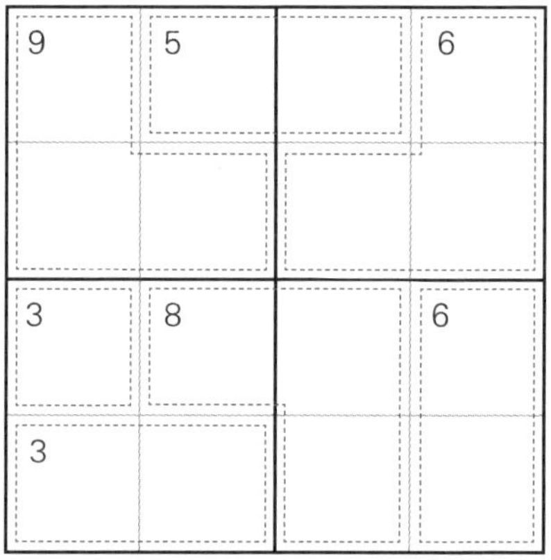

9	5		6	
3	8		6	
3				

解题时间【 　 】

#417

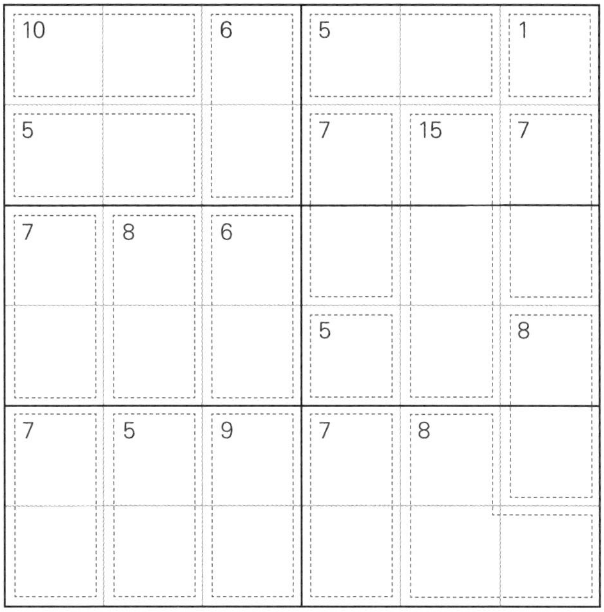

10		6	5		1
5			7	15	7
7	8	6			
			5		8
7	5	9	7	8	

解题时间 〔   〕

#418

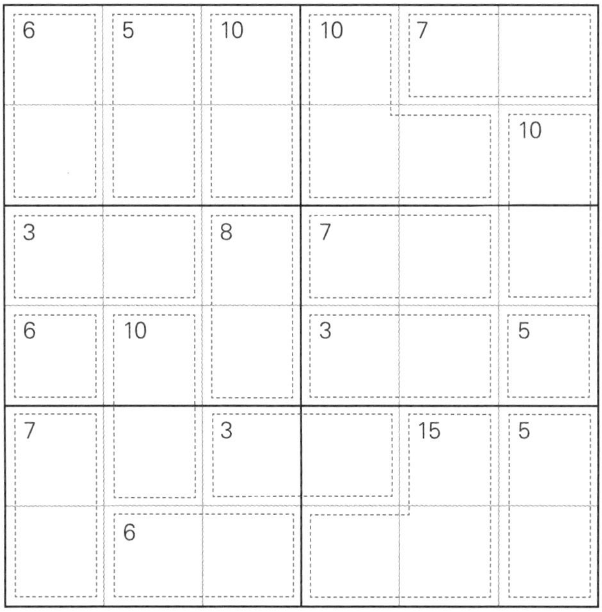

6	5	10	10	7	
					10
3		8	7		
6	10		3		5
7		3		15	5
	6				

解题时间 〔   〕

81

#419

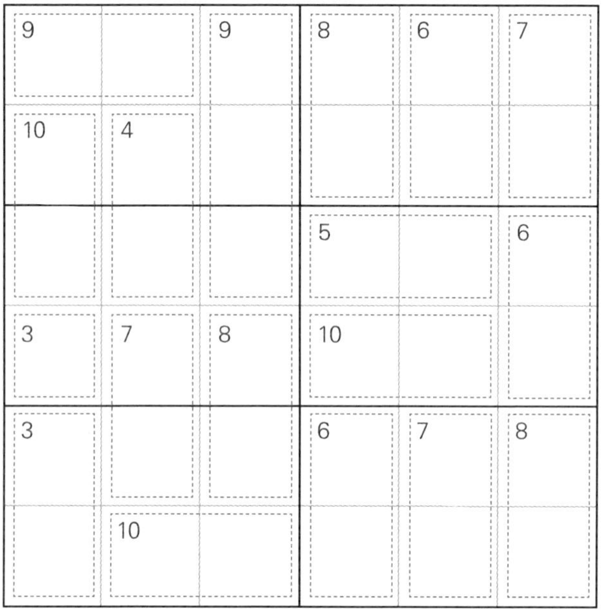

9		9	8	6	7
10	4				
			5		6
3	7	8	10		
3			6	7	8
	10				

解题时间【　　】

#420

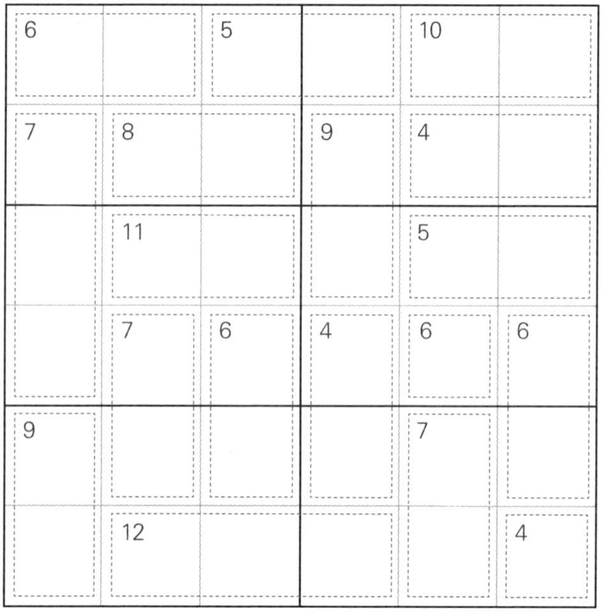

6		5		10	
7	8		9	4	
	11			5	
	7	6	4	6	6
9				7	
	12				4

解题时间【　　】

82

#421

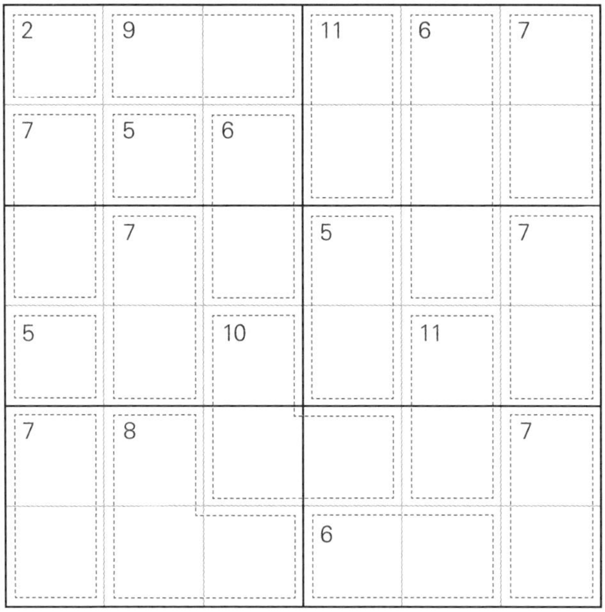

2	9		11	6	7
7	5	6			
	7		5		7
5		10		11	
7	8				7
			6		

#422

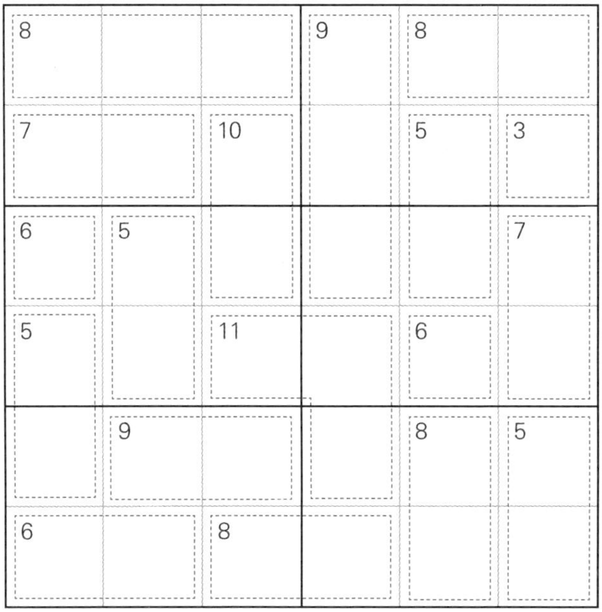

8			9	8	
7		10		5	3
6	5				7
5		11		6	
	9			8	5
6		8			

#423

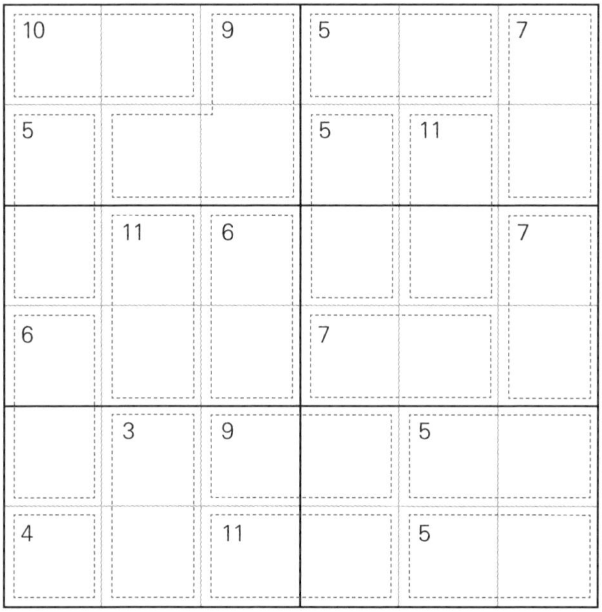

10		9	5		7
5			5	11	
	11	6			7
6			7		
	3	9		5	
4		11		5	

#424

8		7		7	5
7	11	5			
		10	7	5	9
7	2				
	12		5	9	7
3					

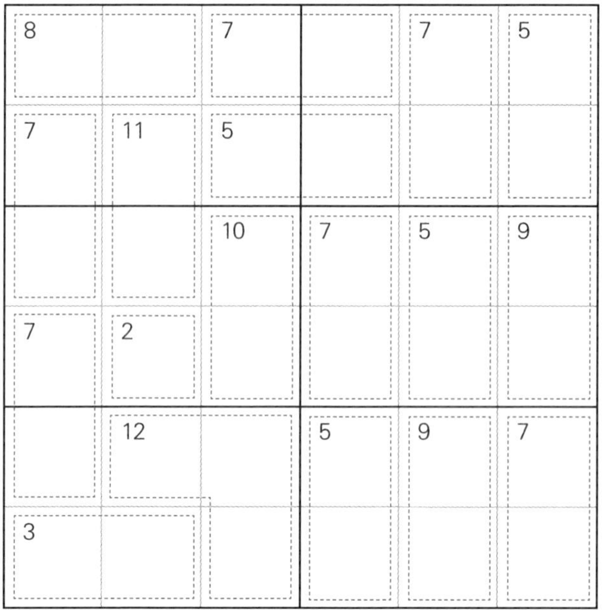

#425

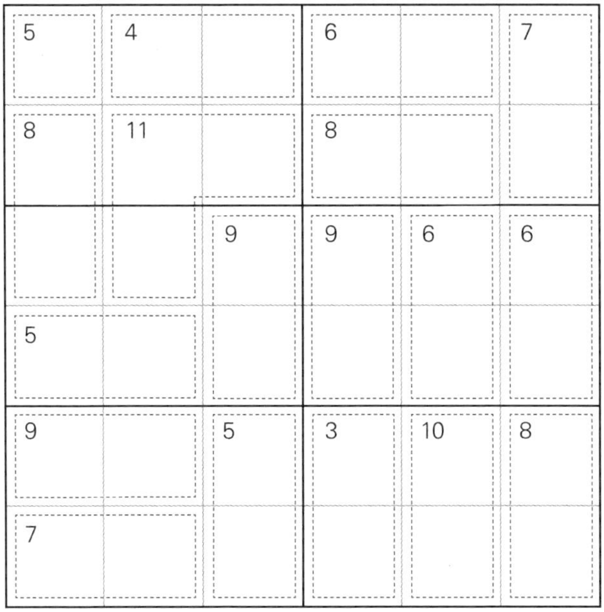

5 4 6 7
8 11 8
9 9 6 6
5
9 5 3 10 8
7

解题时间【 】

#426

11 15 3
5
10 15 18
16 7
17 9

解题时间【 】

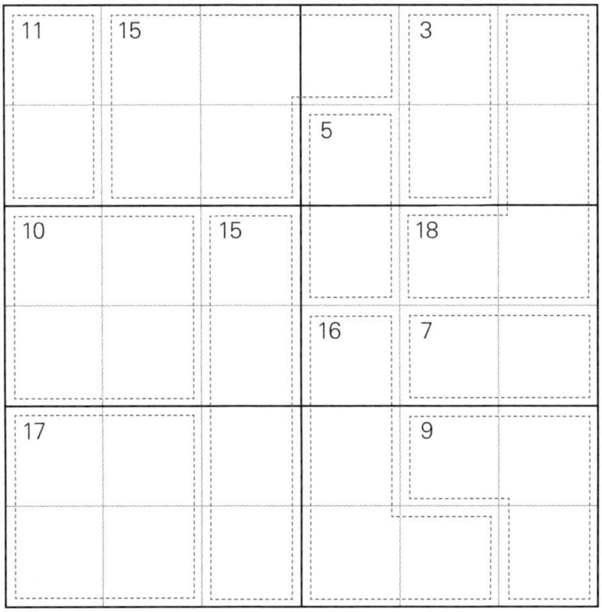

#427

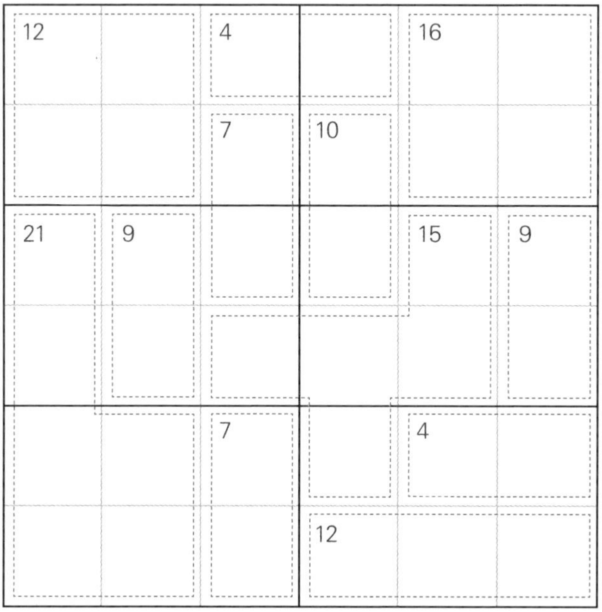

12		4		16	
		7	10		
21	9			15	9
		7		4	
			12		

解题时间 [   ]

#428

4		9		12	9
17					
7		10			
	19			21	
7		11			

解题时间 [   ]

#429

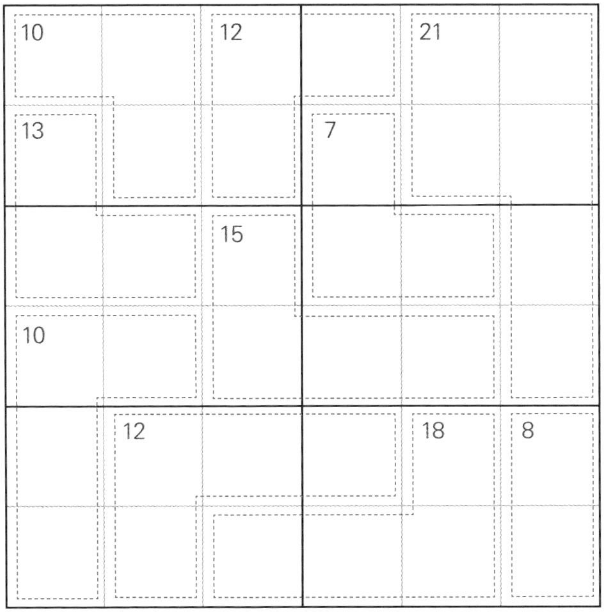

10
12
21
13
7
15
10
12
18
8

解题时间［　　］

#430

16
3
12
14
11
12
16
9
9
17
4
3

解题时间［　　］

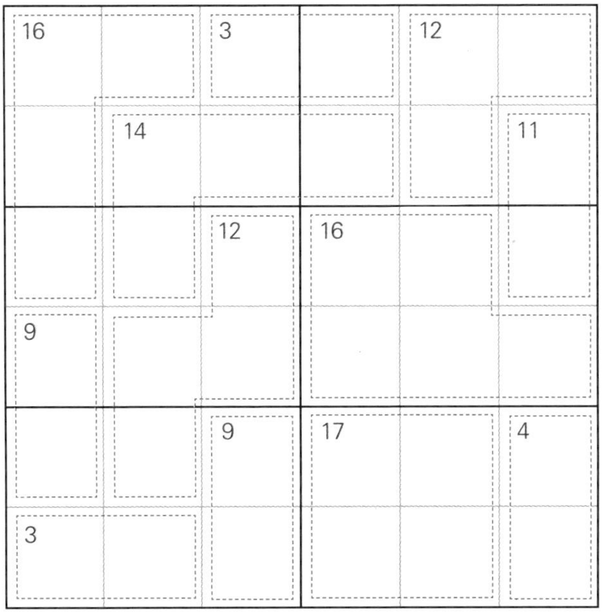

第五章

标准数独：
数字侦探的乐趣

标准数独的游戏盘面是由3×3排列的九宫格构成的，每一个九宫格都是3×3排列的表格，标准数独的游戏盘面透射出一种古朴的简洁美。九宫格，最早见于河图和洛书，河图与洛书是中国古代流传下来的两幅神秘图案，历来被认为是中华文明的源头，传统国学的基因。

标准数独在这81个方格中预先给定若干的数字，利用逻辑和推理，在其他的空格上填入数字1～9，使1～9每个数字在每一行、每一列和每一宫中都出现。细心的读者会发现，数独上的数字仅仅是互相区分的不同符号，因此可以使用比如拉丁字母、英文字母甚至是不同的颜色来代替。

数独游戏形式大方美观，玩法简单易学，数字排列却千变万化，所以许多教育工作者认为数独游戏是考验游戏爱好者的观察能力和逻辑能力、训练大脑思维的绝佳方式。

一般地，九阶数独简称标准数独，标准数独是最受欢迎，也是最常见的一种数独形式。

3×3的九宫格构成了宫，3×3的宫构成了标准数独的游戏盘面，这种结构显得简洁而美观。

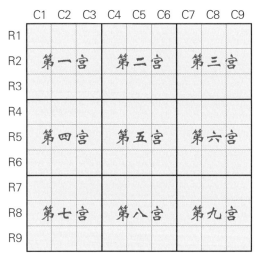

图5-1

如图5-1所示，标准数独的行用R1、R2、…、R9表示；列用C1、C2、…、C9表示；宫用第一宫、第二宫、…、第九宫表示。

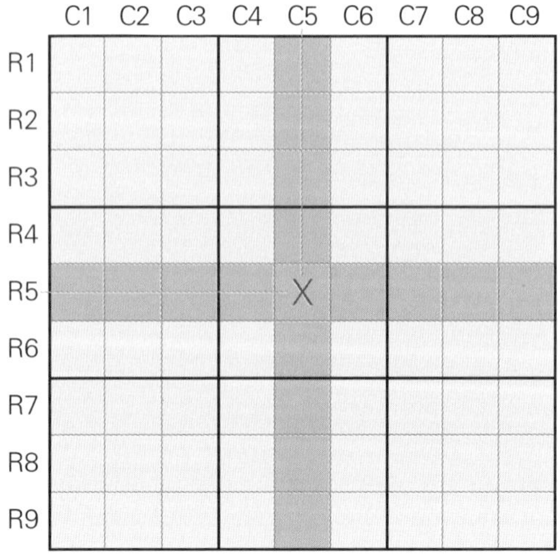

图5-2

方格的坐标仍然用它所在的行号列号来表示，如图5-2所示，第5行第5列的格的坐标为R5C5。

为了方便清楚地描述问题，在这里，引入以下记号。

1. 当一个空格排除多个数字，例如R5C5不等于2，也不等于3，也不等于4，也不等于5，可简记为R5C5≠{2,3,4,5}（大括号内的数字排序不分前后）。

2. 当一个空格中有多个候选数，例如R5C5中的候选数为1、2、3、4时，可简记为R5C5 = {1,2,3,4}。

3. 当一行中的若干个空格构成了一个区（或区块），例如第一行的R1C1、R1C2、R1C3三个方格构成了一个区块，可简记为R1C(1,2,3)。同理，同列的若干空格也可以按此方式标记。

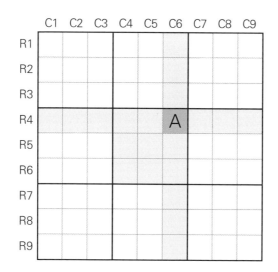

图5-3

如图5-3所示，阴影部分表示出方格A的同位群。标准数独中，一个方格的同位群有20个同位格。

给定的提示数是标准数独继续获得空格唯一解的线索，以保证数独习题有解并且终盘唯一。

标准数独的规则

1. 标准数独的宫由3×3的表格构成，标准数独盘面由3×3的宫排列构成。

2. 在9×9的表格中，要求每一行、每一列以及每一宫中都要填入数字1~9。

3. 终盘唯一。

排除法和余数法

例题5.1

如图5-4所示，这是一个九阶标准数独习题，已经给定了29个提示数，请在空格中填入正确的数字。

		6			9	7	4	
			6		4		8	
			2	7			6	5
		7					9	3
				9				
8	9					6		
7	2			4	6			
	3		1			8		
	8	4	3			1		

图5-4

解答 ▶▶▶

数独游戏风靡全世界，很大的原因在于它的形式美观、规则简单，无论老幼，都能在数独的世界中找到自己的乐趣。

玩数独游戏，感觉自己就是福尔摩斯，面对着一个数字秘案，广泛地收集线索，再进行严密的推理，最后解开谜题，充满了挑战。

排除法和余数法是玩数独的基础算法。通过观察并应用**基础算法**就可以得到终盘的数独习题被称为**基础题**。

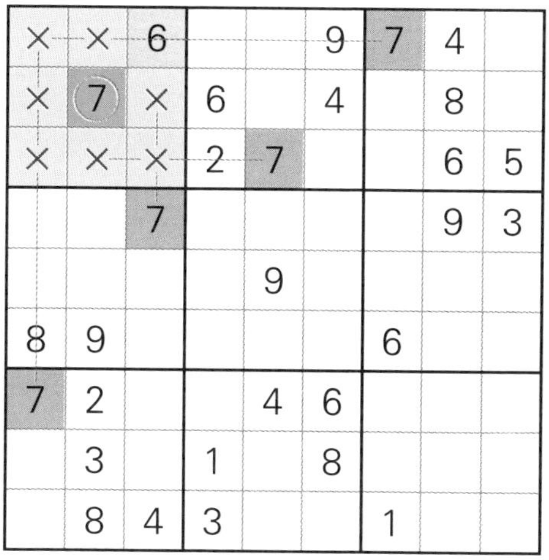

×	×	6			9	7	4	
×	⑦	×	6		4		8	
×	×	×	2	7			6	5
		7					9	3
				9				
8	9					6		
7	2			4	6			
	3		1		8			
	8	4	3			1		

图5-5

第1步：如图5-5所示，观察第一宫，注意R1C7=7，R3C5=7，R4C3=7及R7C1=7，根据宫排除法，得到R2C2=7。

宫排除法是玩数独的过程中最常见的技巧。着手一道数独，可以从第一宫开始，试探每个数字的排除结果。一般的情况是，如果宫内没有出现的数字在宫以外出现次数较多，这个数字的对宫的排除效率最高，往往会出唯一解。

如图5-6所示，换一个角度，观察第二列，因为R1C7=7，R3C5=7，以及R4C3=7，根据列排除法，也可以得到R2C2=7。

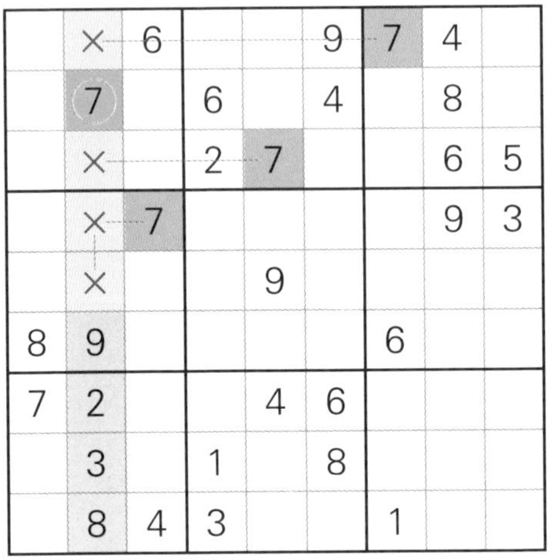

图5-6

行（列）排除法也是数独中常用的解题技巧。当某一行（列）中没有出现的数字在该行之外出现的次数较多，这个数字对该行（列）的排除效率最高，往往也会出唯一解。

图5-7

第2步：如图5-7所示，第一宫，根据宫排除法，得到R3C3=8。

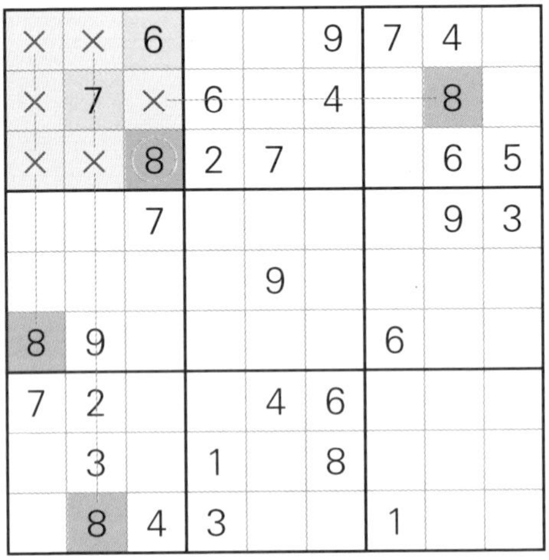

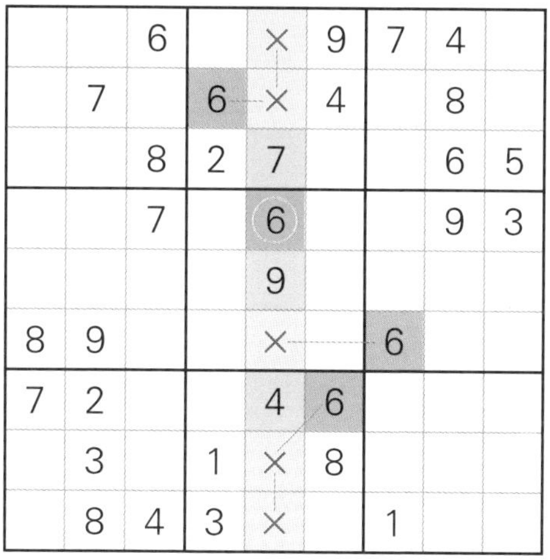

图5-8

第3步：如图5-8所示，第五列，根据列排除法，得到R4C5=6。

在这一步中，第五列穿过了第二宫、第五宫和第八宫，数字6已经出现在第二宫和第八宫中，只需要看第五宫中的排除情况就可以知道是否能出唯一解。

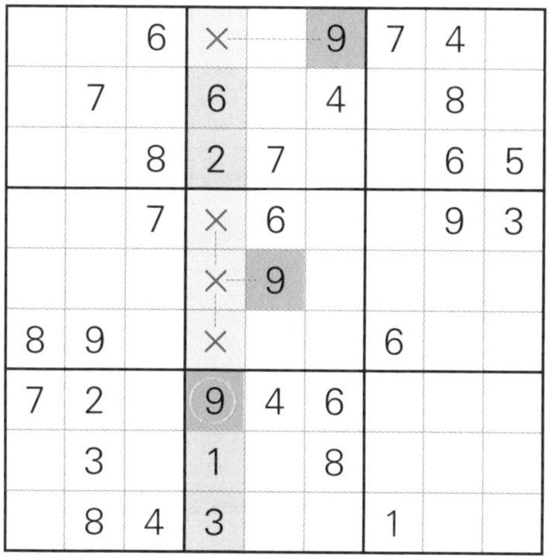

图5-9

第4步：如图5-9所示，观察第四列，根据列排除法，得到R7C4=9。

从另一个角度，还可以对第八宫应用宫排除法，也可以得到结果。

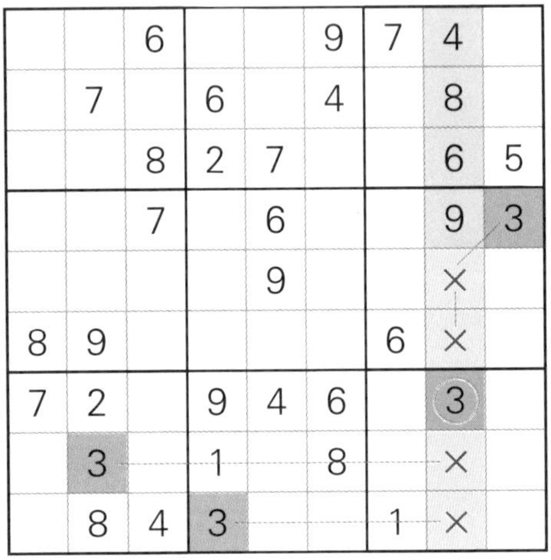

	6				9	7	4	
7		6		4			8	
		8	2	7			6	5
	7			6			9	3
				9			×	
8	9					6	×	
7	2		9	4	6		③	
	3			1		8	×	
	8	4	3			1	×	

图5-10

第5步：如图5-10所示，第八列，根据列排除法，R7C8=3。

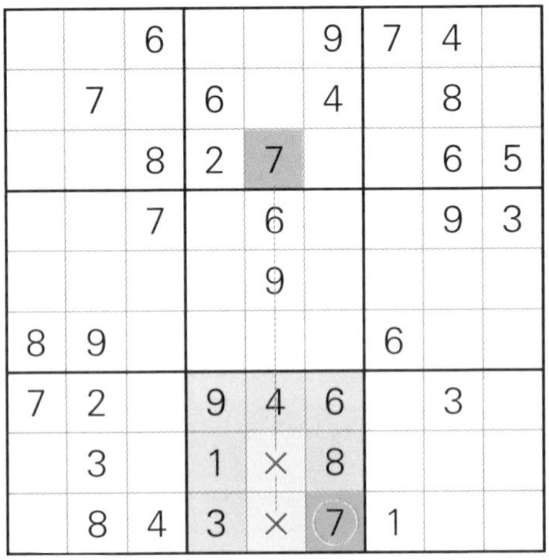

	6				9	7	4	
7		6		4			8	
	8	2	7				6	5
	7			6			9	3
				9				
8	9					6		
7	2		9	4	6		3	
	3		1	×	8			
	8	4	3	×	⑦	1		

图5-11

第6步：如图5-11所示，第八宫，根据宫排除法，R9C6=7。

		6			9	7	4	
	7		6		4		8	
		8	2	7			6	5
		7		6			9	3
				9				
8	9					6		
7	2		9	4	6		3	8
	3		1		8			
	8	4	3		7	1		

图5-12

第7步：如图5-12所示，第九宫，点算R7C9的余数，根据余数唯一法，R7C9=8。

		6			9	7	4	
	7		6		4		8	
		8	2	7			6	5
		7		6			9	3
				9				
8	9					6		
7	2	1	9	4	6	5	3	8
	3		1		8			
	8	4	3		7	1		

图5-13

第8、第9步：如图5-13所示，观察数字1对第七宫的排除效果，根据宫排除法，得到R7C3=1。

换一个角度，也可以观察数字1对第七行的排除效果，也可以得到相同的结果。

继续观察第七行，根据行唯一法，R7C7=5。

图5-14

第10、第11步：如图5-14所示，第九宫，点算R9C8的余数，根据余数唯一法，R9C8=2。

同理，根据余数唯一法，R8C8=7。显然，第七列中剩下三个空格，R8C8={1,5,7}，而恰好第九宫中R7C7=5，R9C7=1，这样，用排除法就可以得到结果。

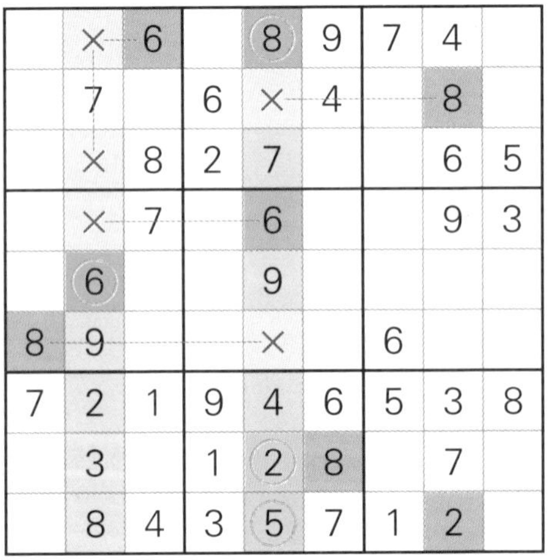

图5-15

第12～第15步：如图5-15所示，观察第二列，根据列排除法，R5C2=6；

同理，观察第五列，得到R1C5=8。

再观察第八宫，因为R9C8=2，根据宫排除法，得到R8C5=2，然后，根据宫唯一法，得到R9C5=5。

		6	5	8	9	7	4	
	7		6		4		8	
		8	2	7			6	5
		7		6			9	3
	6			9				
8	9					6		
7	2	1	9	4	6	5	3	8
	3		1	2	8		7	
	8	4	3	5	7	1	2	

图5-16

第16步： 如图5-16所示，第二宫，点算R1C4的余数，根据余数唯一法，R1C4=5。

显然，第二宫中只剩下三个空格，R1C4={1,3,5}，而第四列中，R8C4=1，R9C4=3，这样，就得到了结果。

	1	6	5	8	9	7	4	
	7		6		4		8	
		8	2	7			6	5
		7		6			9	3
	6			9				
8	9					6		
7	2	1	9	4	6	5	3	8
	3		1	2	8		7	
	8	4	3	5	7	1	2	

图5-17

第17步：如图5-17所示，第一宫，点算R1C2的余数，得到R1C2=1。

第一行中只剩下三个空格，R1C2={1,2,3}，而第二列中出现了数字2和3，这样去观察，就能较快地得到结果。

3	1	6	5	8	9	7	4	2
	7		6		4		8	
		8	2	7			6	5
		7		6			9	3
	6			9				
8	9					6		
7	2	1	9	4	6	5	3	8
	3		1	2	8		7	
	8	4	3	5	7	1	2	

图5-18

第18、第19步：如图5-18所示，第一行只剩下两个空格，存在数对{2,3}，因为R4C9=3，根据排除法，R1C1=3，R1C9=2。

3	1	6	5	8	9	7	4	2
	7		6		4		8	
	4	8	2	7			6	5
	5	7		6			9	3
	6			9				
8	9					6		
7	2	1	9	4	6	5	3	8
	3		1	2	8		7	
	8	4	3	5	7	1	2	

图5-19

第20、第21步：如图5-19所示，注意观察第二列，因为R3C9=5，根

据列排除法，R4C2=5；再根据列唯一法，得到R3C2=4。

3	1	6	5	8	9	7	4	2
	7		6		4		8	
9	4	8	2	7			6	5
	5	7		6			9	3
	6			9				
8	9					6		
7	2	1	9	4	6	5	3	8
	3		1	2	8		7	
	8	4	3	5	7	1	2	

图5-20

第22步：如图5-20所示，第一宫，点算R3C1的余数，根据余数唯一法，得到R3C1=9。

3	1	6	5	8	9	7	4	2
	7		6	3	4		8	
9	4	8	2	7	1	3	6	5
	5	7		6			9	3
	6			9				
8	9			1		6		
7	2	1	9	4	6	5	3	8
	3		1	2	8		7	
	8	4	3	5	7	1	2	

图5-21

第23～第26步：如图5-21所示，注意观察第三行，因为R9C7=1，根据行排除法，R3C6=1；然后再根据行唯一法，得到R3C7=3。

第二宫，根据宫唯一法，得到R2C5=3。

第五列，根据列唯一法，得到R6C5=1。

3	1	6	5	8	9	7	4	2
	7		6	3	4		8	
9	4	8	2	7	1	3	6	5
	5	7		6			9	3
	6			9				
8	9			1		6		
7	2	1	9	4	6	5	3	8
	3		1	2	8		7	
6	8	4	3	5	7	1	2	

图5-22

第27步：如图5-22所示，第七宫，点算R9C1的余数，根据余数唯一法，得到R9C1=6。

3	1	6	5	8	9	7	4	2
	7		6	3	4	9	8	
9	4	8	2	7	1	3	6	5
	5	7		6			9	3
	6			9				
8	9			1		6		
7	2	1	9	4	6	5	3	8
5	3	9	1	2	8		7	
6	8	4	3	5	7	1	2	9

图5-23

第28～第31步：如图5-23所示，注意第九行，根据行唯一法，R9C9=9。点算R2C7的余数，根据余数唯一法，得到R2C7=9。

观察第七宫，因为R3C1=9，根据宫排除法，得到R8C3=9，然后，根据宫唯一法，得到R8C1=5。

3	1	6	5	8	9	7	4	2
2	7	5	6	3	4	9	8	1
9	4	8	2	7	1	3	6	5
	5	7		6			9	3
	6			9				
8	9			1		6		
7	2	1	9	4	6	5	3	8
5	3	9	1	2	8	4	7	6
6	8	4	3	5	7	1	2	9

图5-24

第32～第36步：如图5-24所示，第三宫，根据宫唯一法，R2C9=1。

第一宫，因为R8C1=5，根据宫排除法，得到R2C3=5，然后，根据宫唯一法，得到R2C1=2。

第九宫，因为R6C7=6，根据宫排除法，得到R8C9=6，然后，根据宫唯一法，得到R8C7=4。

3	1	6	5	8	9	7	4	2
2	7	5	6	3	4	9	8	1
9	4	8	2	7	1	3	6	5
	5	7		6	2		9	3
	6			9				
8	9			1		6		
7	2	1	9	4	6	5	3	8
5	3	9	1	2	8	4	7	6
6	8	4	3	5	7	1	2	9

图5-25

第37步：如图5-25所示，点算第五宫中R4C6的余数，根据余数唯一法，R4C6=2。

3	1	6	5	8	9	7	4	2
2	7	5	6	3	4	9	8	1
9	4	8	2	7	1	3	6	5
1	5	7	4	6	2	8	9	3
4	6	3	8	9	5	2	1	7
8	9	2	7	1	3	6	5	4
7	2	1	9	4	6	5	3	8
5	3	9	1	2	8	4	7	6
6	8	4	3	5	7	1	2	9

图5-26

第38~第52步：如图5-26所示，余下来的工作都可以通过排除法依次完成，不再赘述。

区块和数对

 例题5.2

1			7	2	6	5	9	4
	2		5	9				
5	7	9		1	4	6		2
						9		2	8
		2	4			1	3	6
3	6		2					
8					2	1	5	3
					5	2	7	
2			1					

图5-27

如图5-27所示，这是一道标准数独的习题，再继续应用基本的排除法和余数法，似乎找不出唯一解了。你能够找到突破口，继续游戏吗？

1			7	2	6	5	9	4
	2		5	9				
5	7	9		1	4	6		2
				9			2	8
		2	4		1	3	6	
3	6		2					
8				2	1	5	3	
				5	2	7		×
2			1			48	48	×

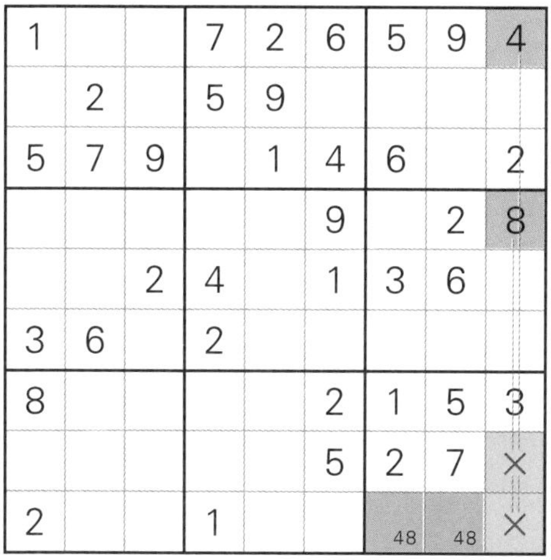

图5-28

如图5-28所示，注意观察第九列，R1C9=4，并且R4C9=8，因此，对于第九宫，根据宫排除法，R9C(7,8)={4,8}，这是一个排除数对。

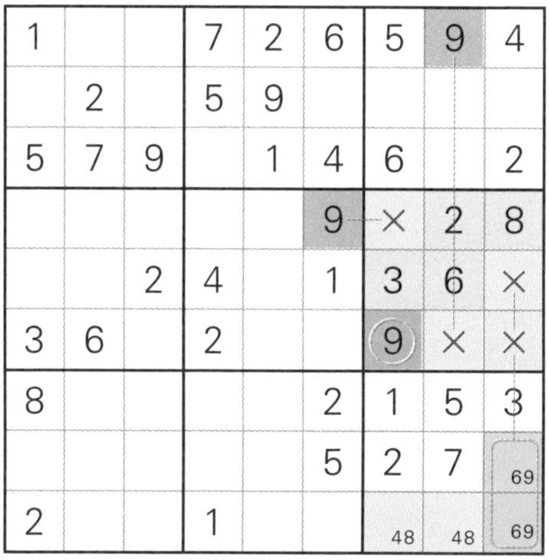

1			7	2	6	5	9	4
	2		5	9				
5	7	9		1	4	6		2
				9	×	2	8	
		2	4		1	3	6	×
3	6		2		9	×	×	
8				2	1	5	3	
				5	2	7		69
2			1			48	48	69

图5-29

如图5-29所示，显然，第九宫剩下的空格R(8,9)C9={6,9}，这是一个余数数对。

注意第六宫，因为R1C8=9，R4C6=9，以及第九宫存在数对{6,9}，根据宫排除法，得到R6C7=9。

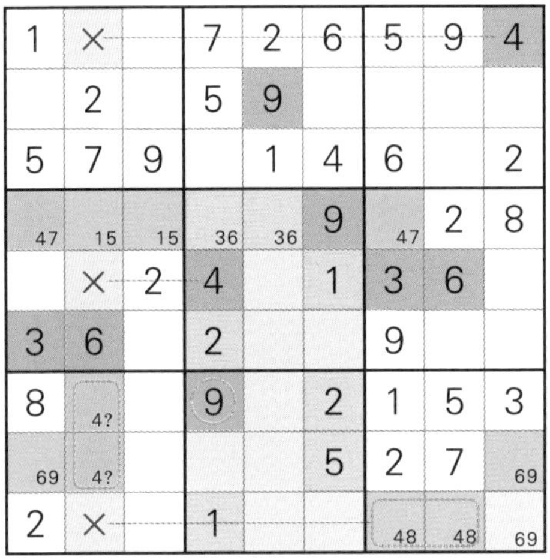

1	×		7	2	6	5	9	4
	2		5	9				
5	7	9		1	4	6		2
47	15	15	36	36	9	47	2	8
	×	2	4		1	3	6	
3	6		2			9		
8	4?		9		2	1	5	3
69	4?				5	2	7	69
2	×		1			48	48	69

图5-30

如图5-30所示，注意R5C7=3，R5C8=6，并且，R6C1=3，R6C2=6，以此对第五宫应用排除法，得到排除数对，R4C(4,5)={3,6}。

点算方格R4C1及R4C7的余数，考虑到R4C(4,5)锁定了数字{3,6}，通过余数法获得数对R4C(1,7)={4,7}。

这样，对于第四行，剩下的两个空格构成了余数数对，R4C(2,3)={1,5}。

注意观察第二列，因为R1C9=4，R5C4=4以及R9C(7,8)={4,8}，应用列排除法，第二列第七宫中的区块R7C2和R8C2中必然包含数字4，可记为R(7,8)C2=4。

对于第七宫，因为区块R(7,8)C2=4，点算第七宫中的空格R8C1的余数，R8C1={6,9}；第八行中，R8C9={6,9}，区块R8C(1,9)中存在数对{6,9}。

第八行中，因为R8C(1,9)={6,9}，因此 R8C(4,5)≠9。

第五列中，因为R2C5=9，因此 R(7,8,9)C5≠9。

第六列中，因为R4C6=9，因此 R9C6≠9。

综上所述，对第八宫应用宫排除法，得到R7C4=9。

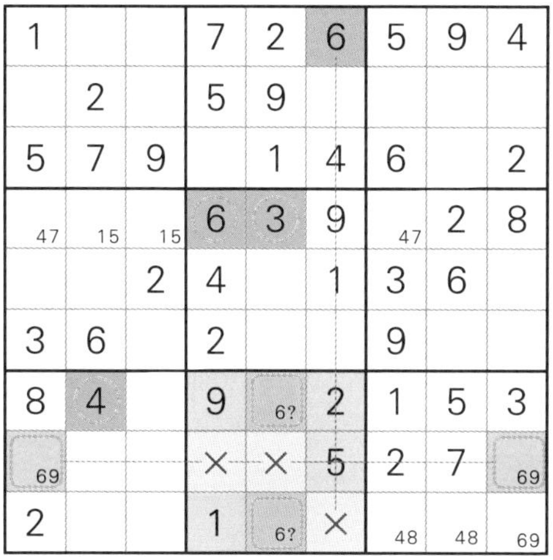

1			7	2	**6**	5	9	4
	2		5	9				
5	7	9		1	4	6		2
47	15	15	**6**	**3**	9	47	2	8
		2	4		1	3	6	
3	6		2			9		
8	**4**		9	6?	**2**	1	5	3
69			×	×	5	2	7	69
2			1	6?	×	48	48	69

图5-31

如图5-31所示，第六列，因为R1C6=6，所以R9C6≠6；第八行，因为R8C(1,9)={6,9}，所以R8C(4,5)≠6。对第八宫应用宫排除法，得到区块R(7,9)C5=6。利用这个区块对第五宫的数对R4C(4,5)={3,6}进行排除，得到R4C4=6，R4C5=3。

点算R7C2的余数，根据余数唯一法，得到R7C2=4。

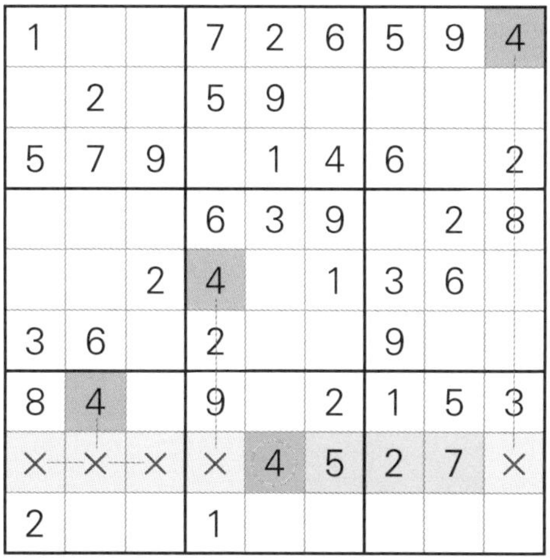

1			7	2	6	5	9	**4**
	2		5	9				
5	7	9		1	4	6		2
			6	3	9		2	8
		2	**4**		1	3	6	
3	6		2			9		
8	**4**		9		2	1	5	3
×	×	×	×	**4**	5	2	7	×
2			1					

图5-32

如图5-32所示，第八行，应用行排除法，得到R8C5=4。

1			7	2	6	5	9	4
	2		5	9				
5	7	9		1	4	6		2
			6	3	9		2	8
		2	4		1	3	6	
3	6		2			9		
8	4		9		2	1	5	3
			⑧	4	5	2	7	
2			1					

图5-33

如图5-33所示，第八行，再应用行排除法，得到R8C4=8。

剩下的工作均可以通过基本的排除法和余数法完成，不再赘述。

利用区块中的数字、数对、数集参与排除和求余数，属于基础解法的进阶应用。必须使用区块中的数字、数对和数集才能得到终盘解的数独习题被称为**进阶题**。

三数集的应用

例题5.3

如图5-34所示，下面是完成了一部分的标准数独的习题，你能找到余下空格的唯一解吗？

6	4	5	3		9	8		7
9				8				5
8		1	7		5			
		8			7		3	4
					8			
5	9		2			6		
			1	7		9		
7					8			6
4					6	7		2

图5-34

如果继续应用排除法和余数法的基础算法寻找空格的唯一解，已经黔驴技穷了。

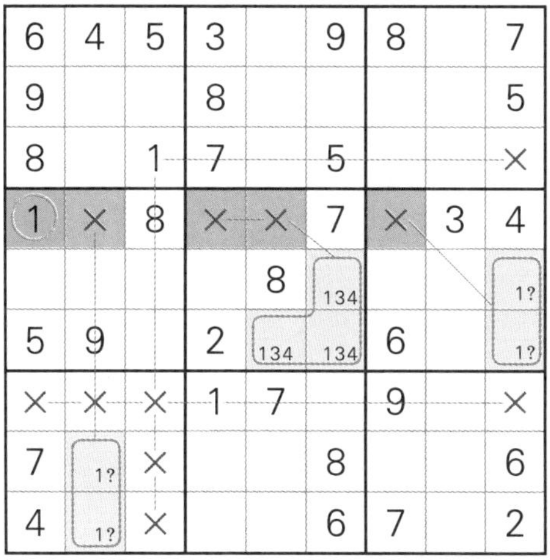

6	4	5	3		9	8		7
9				8				5
8		1	7		5		✕	
①	✕	8	✕	✕	7	✕	3	4
				8	134			1?
5	9		2	134	134	6		1?
✕	✕	✕	1	7		9		✕
7	1?	✕			8			6
4	1?	✕			6	7		2

图5-35

如图5-35所示，首先观察第七宫：第三列，因为R3C3=1，所以，R(7,8,9)C3≠1；同理，第七行，因为R7C4=1，因此R7C(1,2)≠1。综合以上条件，第七宫中区块R(8,9)C2=1。

然后观察第九列：第三行，因为R3C3=1，所以，R3C9≠1；同理，第七行，因为R7C4=1，所以，R7C9≠1。综合以上条件，第九列中的区块R(5,6)C9=1。

最后，再观察第五宫：点算R5C6、R6C5、R6C6这三个方格的余数，会发现它们的余数均为1、3、4。三个方格，三个数字，并且同属于第五宫，显然，这三个空格中存在三数集{1,3,4}。

如图5-35所示，因为R(8,9)C2=1，所以R4C2≠1；因为三数集{1,3,4}，所以区块R4C(4,5)≠1；因为区块R(5,6)C9=1，所以R4C7≠1。综合以上条件，对于第四行的数字1应用排除法，得到R4C1=1。

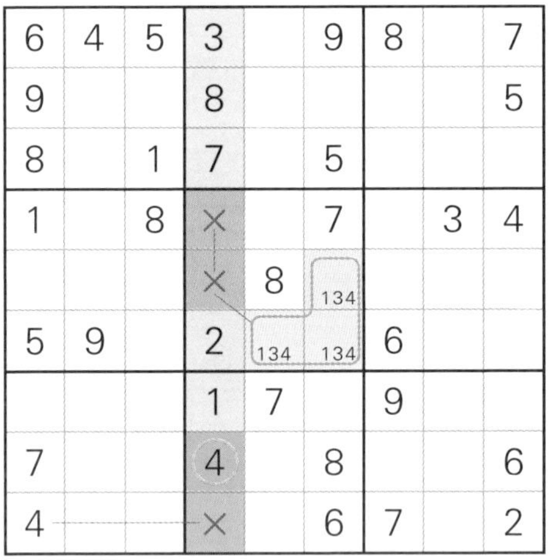

图5-36

如图5-36所示，因为三数集{1,3,4}，所以区块R(4,5)C4≠4；因为R9C1=4，所以R9C4≠4。综合以上条件，对第四列的数字4应用排除法，R8C4=4。

至此，继续应用标准数独的基础解法，盘面上空格中的数字依次可解，不再赘述。

例题5.4

如图5-37所示，这是一道填写完成了一部分的标准数独的习题，你能找到余下空格的唯一解吗？

	7	9		8	1			
	2			4	9	7	1	8
4	1	8		3	7		9	6
			3	6	8	9		
9	6		4	1	2		8	7
8		2	7	9	5			
2	8		1	5		4	7	9
			9	2		8		
	9		8	7			3	

图5-37

解答 ▸▸▸

要想在数独盘面上找到三数集，并不是一件容易的事情，需要严密的观察。

如图5-38所示，第三宫，有四个空格，根据余数法，可以点算出这四个空格的余数，其中R1C7={2,3,5}，R3C7={2,5}。点算出的余数，可以用铅笔标注在空格的右下角。

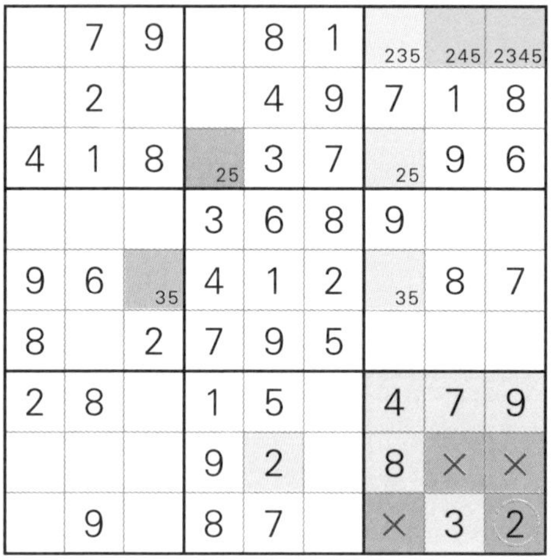

	7	9		8	1	235	245	2345
	2			4	9	7	1	8
4	1	8	25	3	7	25	9	6
			3	6	8	9		
9	6	35	4	1	2	35	8	7
8		2	7	9	5			
2	8		1	5		4	7	9
			9	2		8	×	×
	9		8	7		×	3	2

图5-38

第五行，仅余下两个空格，R5C(3,7)={3,5}。

再观察第七列会发现，空格R1C7、R3C7和R5C7中的余数仅限于2、

3、5，符合三数集的条件，即R(1,3,5)C7={2,3,5}。

对于第九宫：第七列，因为R(1,3,5)C7锁定了数字2，所以R9C7≠2；

第八行，因为R8C5=2，所以R8C(8,9)≠2。综合以上条件，根据宫排除法，

第九宫R9C9=2。

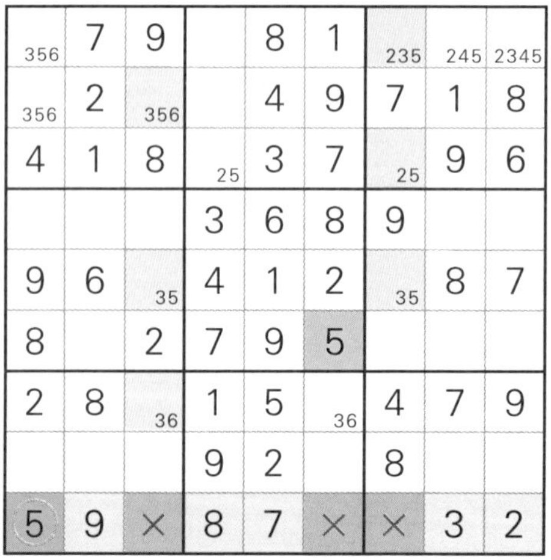

356	7	9		8	1	235	245	2345
356	2	356		4	9	7	1	8
4	1	8	25	3	7	25	9	6
			3	6	8	9		
9	6	35	4	1	2	35	8	7
8		2	7	9	5			
2	8	36	1	5	36	4	7	9
			9	2		8		
5	9	×	8	7	×	×	3	2

图5-39

如图5-39所示，对于第三列：第一宫剩下的三个空格形成余数三数集{3,5,6}；第五行存在余数数对R5C(3,7)={3,5}；第七行也存在余数数对R7C(3,6)={3,6}。

综合以上条件，在第三列中得到三数集{3,5,6}。

最后观察第九行：依据第三列的三数集{3,5,6}，第六列中R6C6=5，以及第七列中的三数集{2,3,5}，应用行排除法，得到R9C1=5。

至此，余下的工作只需要应用标准数独的基础解法，不再赘述。

习题五

#501

	6						9	
8		9		6	3			
7			5					
		2	4		6		1	
	9			8			6	
	1		7		5	9		
					7			8
			8	5		7		1
	8						4	

解题时间 [   ]

#502

					1	4	5	
1			6			8		
9	8		5	7				6
					3			8
	5			4		2		
7			9					
6				9	7		8	3
		3			8			7
	7	8	3					

解题时间 [   ]

#503

	4		3					
				5			1	
2	3	1				6		9
9				3		1		
			1	9	5			
		2		7				8
8		3				4	7	1
	2			8				
					1		8	

解题时间〔　　　〕

#504

	9	6			7		4	
4	3	5	8					
	1				8	5	6	
			9	7	4			
	2	3	5				8	
					9	7	2	8
	5		2			4	1	

解题时间〔　　　〕

115

#505

	2								
			1				7	6
5			4				9	
		9			5	8	6	
1	4						7	5
8	7	3				9		
	7			6			1	
3	4			7				
							4	

解题时间 〔   〕

#506

	1	4	5			6		
				1		7		
							2	5
				4	9			2
	3	2	5		1	6	4	
4			8	6				
7	9							
		8		3				
		5		8		4	9	

解题时间 〔   〕

#507

					3	6	7	
					7		8	3
	3				8			2
						7	1	
		7	3		4	9		
		1	4					
1			5				2	
8	7		2					
	5	3	8					

解题时间 [　　]

#508

		3		7	9			1
9		5					2	
4		1	8					
6		8	3	5				
					9	6		
				8	2	1		6
					3	2		5
	3						4	7
5			4	2		6		

解题时间 [　　]

#509

4		3	2	9			1	
2								
	6	1	3		7			2
			6			1		
	1						3	
		7		1				
6			5		2	8	7	
								3
	5		1	8		4		6

解题时间 [ ]

#510

2			8			1		
4								3
		3	9	4	2			
3	4		7					
7				9				1
					5		3	4
			8	3	7		1	
9								7
		5		6				8

解题时间 [ ]

#511

3				9					
1				2			6	8	
	9				4			1	
		5						3	
4			7	8	5				2
	2						7		
	7		2					4	
	1	2		3					7
				1					3

解题时间 [　　]

#512

			6		1				
	8	2							1
		1					8	3	7
2	9				6			1	
5									6
	3		5					2	4
9	6	5						4	
1							3	6	
			9		2				

解题时间 [　　]

#513

			7					
7				6	5		4	
	4	3						1
2				1				4
				9		4		
8				3				2
3						2	7	
	9			8	7			5
					3			

解题时间［　　］

#514

2		5				1		4
4	9							3
		1		3	2		5	
				5	4			
		7				2		
				9	6			
	5		3	4			1	
3							9	5
1		4				3		6

解题时间［　　］

#515

5			1					
			3				1	8
	8		2				3	4
4			8	5		7		
		5			8			
	1		6	4				9
1	7			2		8		
6	3			8				
				1				3

解题时间 [　　]

#516

					3	7	8	
								9
			5	4	2	3	1	
				9		6		
	3	8	7			6	9	5
	5			1				
7	1	9	5	3				
	8							
	6	3	8					

解题时间 [　　]

#517

		3						
		4	2					
	8	2	5	1	3			
		8	9			7	4	
	2	5				8	9	
	1	7			4	6		
			4	8	1	9	2	
					7	3		
						5		

解题时间[ ]

#518

							5	
	4				3	6	8	
1	5			6	4			9
		4	9					6
5								2
6					5	9		
9			2	7			6	4
	8	2	4				3	
	1							

解题时间[ ]

#519

	6			2	8			
2	8	4	5	3				6
9			1				6	
8	1						4	2
	2				6			8
7				9	1	6	8	4
			8	6			7	

解题时间 [   ]

#520

		8			5	9		4
		5	1		2	3		7
4								
		3						8
	2			7			5	
1						4		
								3
7		6	8		4	2		
3		1	2			6		

解题时间 [   ]

123

#521

	6		7	4				3
			6		1	5		
		8				6	7	
	7						9	
9								1
	3						6	
	1	6				3		
		2	4		3			
3				1	2		8	

解题时间 [ ]

#522

	9		1					7
4					5			
5	3				2	9		1
		2	8					
			2	9	3			
					7	8		
6		1	3				7	8
			6					2
7					4		9	

解题时间 [ ]

#523

8					1	5		
				2	5			3
			8			1		
	1		6	3			9	
4				5				1
	8			1	2		7	
		3			4			
1			2	6				
		7	1					8

解题时间 〔   〕

#524

		8					5	
5						2	1	
		6	8	3		4		
		7		5	8			
			2		9			
			3	7		9		
		1		8	6	7		
	3	5						1
		7				5		

解题时间 〔   〕

#525

7	9			5	6		1	3
		1				4		
	4		1				6	
			7					
				6				
	3	9				4	2	7
	6					1		3
		5					6	
8	7		6	9			5	4

解题时间 [   ]

#526

				3	4		5	2
7	4				8		1	
						7	8	
	6			7			9	
		4	1		9	6		
				2				
	8	6						
	9		5				7	3
4	3		8	1				

解题时间 [   ]

126

#527

	8		5					3
	7	1		3	2		8	
	6							
						9		
3			4					1
	9	6	7		1		2	
7	1							
				4		9		5
				2			7	

解题时间 [ ]

#528

			8				2		4
		7	1	4	5		3	
	2				9	7		
			6	1	8			
		3	2					9
	6		5	8	4	1		
1		4					8	

解题时间 [ ]

#529

4	6					9		5
	1							8
				6			3	
			3		6	8		2
		9		5		3		
2		5	8		7			
	7			2				
9							7	
8		4					2	6

解题时间［　　］

#530

	7	1	5	6			3	
			3			6	1	
					1			
8	2	4						
5		7				9		6
						8	2	3
			1					
	5	2			7			
	8			2	9	1	5	

解题时间［　　］

#531

9		8				5		3
					4			
7		6	3		8	1		4
		9		3		7		
	8		5		9		4	
		5		7		8		
6		2	1		5	4		8
				2				
5		1				6		2

解题时间 [ ]

#532

	3				5			7
6		2					3	9
			2					1
2				6	9	7		
			1		2			
		6	7	5				2
3					8			
4	7					8		6
8			5				1	

解题时间 [ ]

129

#533

			7					
	6			4	5	1		9
2					6	4		3
			6		2			
	5						3	
			9		7			
	7	6			8			
				7	9		8	
	2	1	3			9		

解题时间 [　　]

#534

7								4
2		3	4		7	1		8
1					9			2
	3	8	9		6		2	
	7		1		3	4	8	
5			6					3
3		4	7		5	8		6
8								7

解题时间 [　　]

#535

5				3				1
	1				7			
	4			6		2		
	6				8			
1		5				4		9
			2				1	
		3		8				
			4			5	3	
7				1				6

解题时间 [   ]

#536

				5	2			
4				8				1
5	7			3		2		4
3		4				9		
2	9						1	5
		1				8		3
8	5		6				3	9
9				2				7
			3	7				

解题时间 [   ]

#537

4		7		8		6		1
6	5				2		7	4
3								5
	1			6			8	
			8		3			
				4				
2								7
1	7		3				4	8
5		8		9		3		2

解题时间 [   ]

#538

5			7		6		3	
			3		5	7		
		8	4			9		
		7	5		1	3		6
			2					
6								
	6		8					4
7				5				
9		1				8		

解题时间 [   ]

132

#539

5				2				
		4	9			3		7
9	8				3		2	
	6		1		2		8	
				4				
			5		7			
	5		2				3	
		3			8	4		
	4			7		2		9

解题时间［　　］

#540

						2	5	
			6	1		4		9
				9		7		
3	1			2	7	8		
	8	2				5	3	
		5	8	3			2	7
8	3	1		7				
4			9	5				
	9							

解题时间［　　］

#541

		2			4			
			3	7		8	4	
			8					6
6								
				9			3	5
8	7	5						
	9		4					3
	1	7			3			8
			2				5	

解题时间 〔   〕

#542

6	4		3					7
			8					5
8		1		5				
		8		7			3	4
				8				
5	9		2			6		
			1			9		
7				8				6
4				6		7		2

解题时间 〔   〕

#543

	5			7	2		6	
2					9			3
			4					
	8			3		1		5
		1	9		8	6		
5		6		2			8	
			7					
3					5			6
	2			1	6		5	

解题时间 [　]

#544

	9	3			1	6		
	8		6	4				
5			3			2		
	6			9		3		
	4				8			1
				8	3		5	
		8	5			7	6	

解题时间 [　]

#545

	8			1				7
3					6			
	7					4	1	3
							4	5
	6	5				1	3	
7	2							
2	3	6					7	
			7					6
4				8			2	

解题时间 [   ]

#546

7	2		5					1
1			2			3	7	
				4	8			
4						2		
8	5						1	6
		7						9
		5	4					
	4	8		9				7
3				7			2	4

解题时间 [   ]

136

#547

	2							
		3	6					7
5		7	9		8			
		4	2		7		6	
3		5		1		7		2
		7		3		4	1	
				1		2	3	4
4				3		9		
							8	

解题时间 〔　　〕

#548

	7							
				4	9			
		1	8		7		9	6
			3		8	9		
9	6						8	7
		2	7		5			
2	8		1			4	7	
			9	2				
							3	

解题时间 〔　　〕

137

#549

5		7		3	1	9		
1	3		8			4		
	5				7			
2		4		9		8		1
			5				9	
		8			2		6	3
		9	7	5		2		8

解题时间 [　　]

#550

6			2	4		9		
			5					
				6		8		3
5		2				6	4	
	1			9			3	
	3	7				1		2
2		3	4					
					5			
		5		3	9			6

解题时间 [　　]

第六章

九阶杀手数独：
权力的游戏

九阶杀手数独就是在标准数独的盘面上做"杀手"游戏。

　　如果数独盘面是一个世界地图，九个宫就是九大王国，给定区就是王公贵族的封地。游戏者的任务就是指挥数字大军去占领这些领地。宫、行、列、区、区块相互交织，数字、数组、数对、数集穿行于其间，刀光剑影，攻城夺地。

　　每个数字都应该有自己的位置，并且，每个数字都不能轻松获得位置，它们的位置都是在权力的博弈中努力争取到的。

　　如果一个数字或者一组数字成功守卫住一块领土，就会化身成为残酷的"杀手"。不断地寻找"杀手"并且充分让"杀手"去生杀予夺，剔除掉若干不符合条件的候选数组，当尘埃落定，区（或区块）的唯一数组将最后胜出，这个过程是玩杀手数独最核心也是最有趣的地方。

九阶杀手数独的游戏规则

1. 在9×9的表格中分别填入1~9的数字。
2. 每一行、每一列以及每一宫都要分别填入1~9的数字。
3. 虚线框内构成一个区，区的左上角的数字代表区内的数字之和。
4. 区内数字不重复。
5. 终盘唯一。

例题精解

 例题6.1

如图6-1所示，这是一道九阶杀手数独习题，请在空格中填入正确的数字。

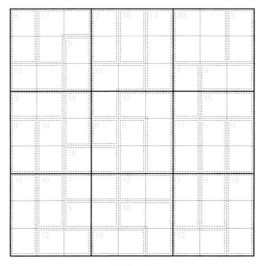

图6-1

解答 ▶▶▶

第1步：在聪明格及杀手数独中，如果存在独立方格，其左上角的提示数即方格中的唯一解。如图6-2所示，R5C4=8。

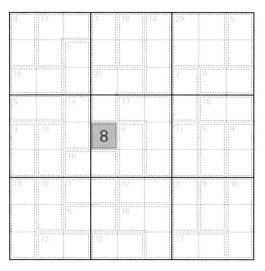

图6-2

第2、第3步：单元损益法是玩杀手数独时优先考虑的算法，在九阶杀手数独中，每个单元的数字之和为

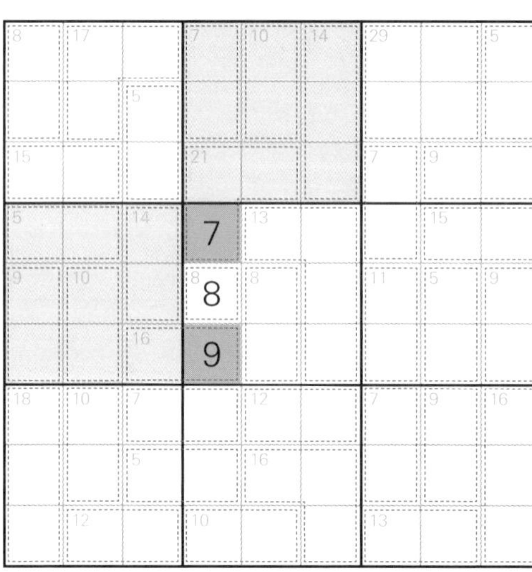

图6-3

$$1+2+3+4+5+6+7+8+9=45$$

因此，对于九阶杀手数独而言，单元损益法也被称为**四五法则**。

如图6-3所示，注意第四宫中的5{2}、9{2}、10{2}、14{2}及16{2}，根据四五法则，R6C4=(5+9+10+14+16)−45=54−45=9。

同理，第二宫，R4C4=(7+10+14+21)−45=52−45=7。

第4～第6步：当一个区内只余下一个空格的时候，这个空格的唯一解就找到了，这种方法就是杀手数独游戏中的区唯一法。

如图6-4所示，第六行中的区16{2}，根据R6C4=9可得，R6C3=16−9=7。

观察第三宫，根据四五法则，R3C7=45−(29+5+9)=2；

然后，根据第七列中的区7{2}，可得R4C7=7−2=5。

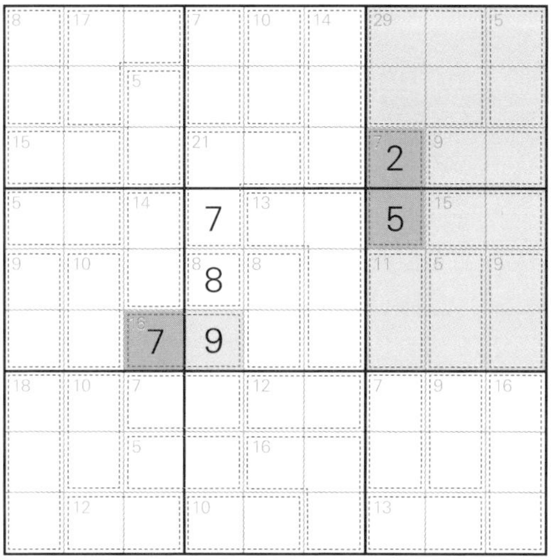

图6-4

第7、第8步：与六阶杀手数独相比较，九阶杀手数独的数字组合规律更加复杂。

1．对于两个方格的数字组合规律：

3{2}=1+2   4{2}=1+3

17{2}=9+8   16{2}=9+7

5{2}=1+4=2+3   6{2}=1+5=2+4

15{2}=6+9=7+8   14{2}=5+9=6+8

7{2}=1+6=2+5=3+4   8{2}=1+7=2+6=3+5

13{2}=4+9=5+8=6+7   12{2}=3+9=4+8=5+7

9{2}=1+8=2+7=3+6=4+5   10{2}=1+9=2+8=3+7=4+6

11{2}=2+9=3+8=4+7=5+6

2. 三个方格的数字组合规律:

6{3}=1+2+3   7{3}=1+2+4   15{3}=4+5+6

24{3}=9+8+7   23{3}=9+8+6

8{3}=1+2+5=1+3+4   9{3}=1+2+6=1+3+5=2+3+4

22{3}=9+8+5=9+7+6   21{3}=9+8+4=9+7+5=8+7+6

10{3}=1+2+7=1+3+6=1+4+5=2+3+5

20{3}=9+8+3=9+7+4=9+6+5=8+7+5

11{3}=1+2+8=1+3+7=1+4+6=2+3+6=2+4+5

19{3}=9+8+2=9+7+3=9+6+4=8+7+4=8+6+5

12{3}=1+2+9=1+3+8=1+4+7=1+5+6=2+3+7=2+4+6=3+4+5

18{3}=9+8+1=9+7+2=9+6+3=9+5+4=8+7+3=8+6+4=7+6+5

13{3}=1+3+9=1+4+8=1+5+7=2+3+8=2+4+7=2+5+6=3+4+6

17{3}=9+7+1=9+6+2=9+5+3=8+7+2=8+6+3=8+5+4=7+6+4

14{3}=1+6+7=2+3+9=2+4+8=2+5+7=3+4+7=3+5+6

16{3}=9+4+3=8+7+1=8+6+2=8+5+3=7+6+3=7+5+4

3．四个方格的数字组合规律：

10{4}=1+2+3+4　　　　11{4}=1+2+3+5

30{4}=9+8+7+6　　　　29{4}=9+8+7+5

12{4}=1+2+3+6=1+2+4+5　　13{4}=1+2+3+7=1+2+4+6=1+3+4+5

28{4}=9+8+7+4=9+8+6+5　　27{4}=9+8+7+3=9+8+6+4=9+7+6+5

14{4}=1+2+3+8=1+2+4+7=1+2+5+6=1+3+4+6=2+3+4+5

26{4}=9+8+7+2=9+8+6+3=9+8+5+4=9+7+6+4=8+7+6+5

15{4}=1+2+3+9=1+2+4+8=1+2+5+7=1+3+4+7=1+3+5+6=2+3+4+6

25{4}=9+8+7+1=9+8+6+2=9+8+5+3=9+7+6+3=9+7+5+4=8+7+6+4

16{4}=1+2+4+9=1+2+5+8=1+2+6+7=1+3+4+8=1+3+5+7

　　　=1+4+5+6=2+3+4+7=2+3+5+6

24{4}=9+8+6+1=9+8+5+2=9+8+4+3=9+7+6+2=9+7+5+3

　　　=9+6+5+4=8+7+6+3=8+7+5+4

17{4}=1+2+5+9=1+2+6+8=1+3+4+9=1+3+5+8=1+3+6+7

　　　=1+4+5+7=2+3+4+8=2+3+5+7=2+4+5+6

23{4}=9+8+5+1=9+8+4+2=9+7+6+1=9+7+5+2=9+7+4+3

　　　=9+6+5+3=8+7+6+2=8+7+5+3=8+6+5+4

18{4}=1+2+6+9=1+2+7+8=1+3+5+9=1+3+6+8=2+4+5+7

=2+3+4+9=2+3+5+8=2+3+6+7=2+4+5+7=3+4+5+6

22{4}=9+8+4+1=9+8+3+2=9+7+5+1=9+7+4+2=8+6+5+3

=8+7+6+1=8+7+5+2=8+7+4+3=8+6+5+3=7+6+5+4

19{4}=1+2+7+9=1+3+6+9=1+3+7+8=1+4+5+9=1+4+6+8

=2+3+5+9=2+3+6+8=2+4+5+8=2+4+6+7=3+4+5+7

21{4}=9+8+7+1=9+7+4+1=9+7+3+2=9+6+5+1=9+6+4+2

=8+7+5+1=8+7+4+2=8+6+5+2=8+6+4+3=7+6+5+3

20{4}=1+2+8+9=1+3+7+9=1+4+6+9=1+5+6+8=2+3+6+9=2+3+7+8

=2+4+5+9=2+4+6+8=2+5+6+7=3+4+5+8=3+4+6+7

……

与六阶杀手数独时情况相同，注意各种条件下的数组关系，例如1{1}和44{8}、3{2}和42{7}、8{3}和37{6}、20{4}和25{5}等存在互补的关系，只需要熟悉上面的数组及算式就足够了。

如图6-5所示，注意观察第三宫中的区29{4}，根据上述的数字组合规律，这个区中的数字构成四数集{9,8,7,5}，也就是说，5、7、8、9这四个数字被锁定在这四个方格中。找到这个四数集，对于第三宫中的其他区的数字组合都将产生影响。这个四数集如同第三宫的"杀手"，威力巨大，不可匹敌。

先看第三宫中的区9{2}，9{2}=1+8=2+7=3+6=4+5，该区有四个候选数组。四数集{9,8,7,5}锁定了数字5、7、8，这样，候选数组{1,8}、{2,7}、{4,5}先后被四数集杀掉，{3,6}成为该区的**唯一数组**，R3C(8,9)={3,6}。

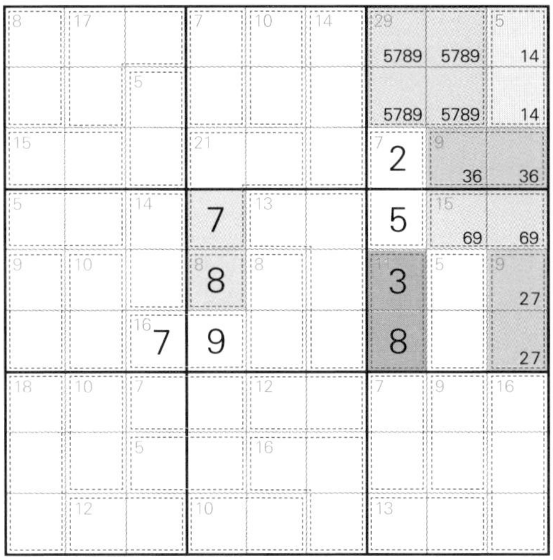

图6-5

某一个单元（行、列、宫）中首先解出来的数字，可以是空格中的唯一数字，或者是区块中的数字、数对或数集，这些已经确定的数字对完全被包含在该单元中的各区的候选数组具有绝对的生杀大权，这就是寻找区的唯一数组时经常应用的**数组筛选法**。

不断地寻找"杀手"并且充分让"杀手"去生杀予夺，剔除掉若干不符合条件的候选数组，当尘埃落定，区（或区块）的唯一数组将最后胜出，这个过程是玩杀手数独最核心也是最有趣的地方。

观察第三宫，剩下的两个空格中存在余数数对，R(1,2)C9={1,4}。

观察第六宫第四行，区R4C(8,9)，15{2}=9+6=8+7，该区内存在两个候选数组{6,9}和{7,8}。在第四行中，已有R4C4=7，根据数组筛选法，数组{7,8}被排除，因此，该区的唯一数组是{6,9}，R4C(8,9)={6,9}。

再观察第六宫第九列，区R(5,6)C9，9{2}=1+8=2+7=3+6=4+5，有四个候选数组，因为R4C7=5，R4C(8,9)={6,9}，应用数组筛选法，R(5,6)C9

还剩下两个候选数组：{1,8}和{2,7}。

同时，第九列中，R(1,2)C9={1,4}，这样，数组{1,8}也被排除了，第六宫的区9{2}的唯一数组是{2,7}。

同理，第六宫中，对于区R(5,6)C7，11{2}=2+9=3+8=4+7=5+6，该区内有四个候选数组，应用数组筛选法，R(5,6)C7={3,8}。

因为R5C4=8，根据数对排除法，R5C7=3，R6C7=8。

第9～第12步：如图6-6所示，观察第四宫第三列的区R(4,5)C3，14{2}=9+5=6+8，该区存在两个候选数组。

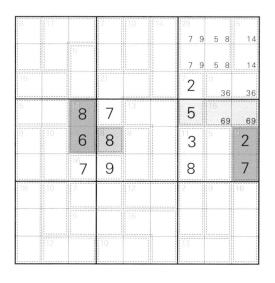

图6-6

注意第四行R4C7=5，得到R4C3≠5；同时，因为R4C(8,9)={6,9}，所以R4C3≠9，根据数组筛选法，数组{5,9}被杀，该区的唯一数组是{6,8}，即R(4,5)C3={6,8}。

因为R5C4=8，根据数对排除法，可得R4C3=8，R5C3=6。

因为R6C3=7，根据数对排除法，R5C9=7，R6C9=2。

第13、第14步：如图6-7所示，观察第四宫第二列的区R(5,6)C2，根据10{2}=1+9=2+8=3+7=4+6，知道该区存在四个候选数组。

注意R4C3=8，R5C3=6，R6C3=7，根据数组筛选法，可以得到R(5,6)C2={1,9}。

又因为R6C4=9，根据数对排除法，得出R5C2=9，R6C2=1。

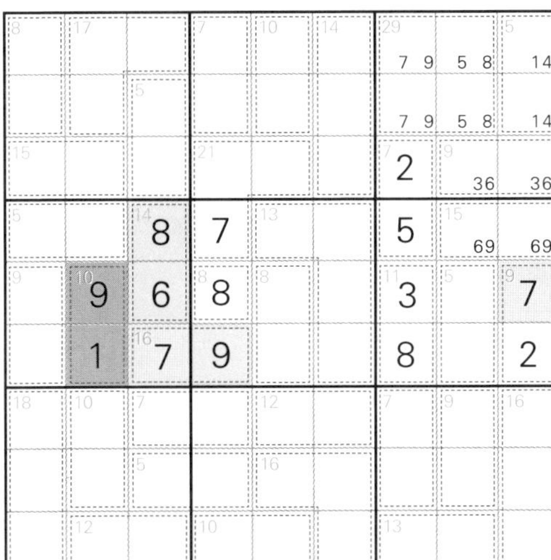

图6-7

第15、第16步：如图6-8所示，注意第六宫，余下的空格存在余数数对，R(5,6)C8={1,4}。

因为R6C2=1，根据数对排除法，所以R5C8=1，R6C8=4。

149

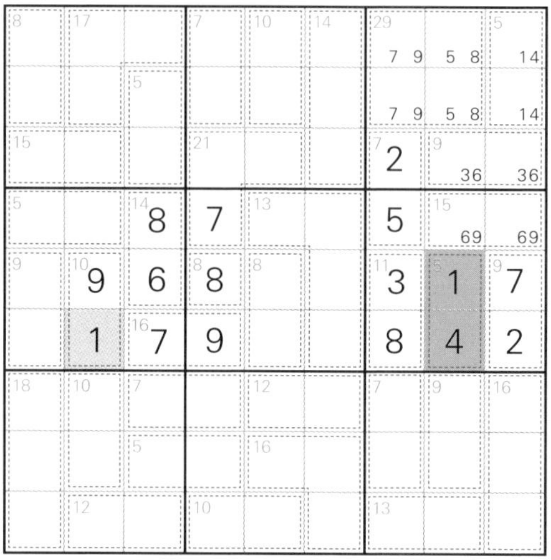

图6-8

第17、第18步： 如图6-9所示，第九宫第七列中的区R(7,8)C7，根据 7{2}=1+6=2+5=3+4，该区有三个候选数组。

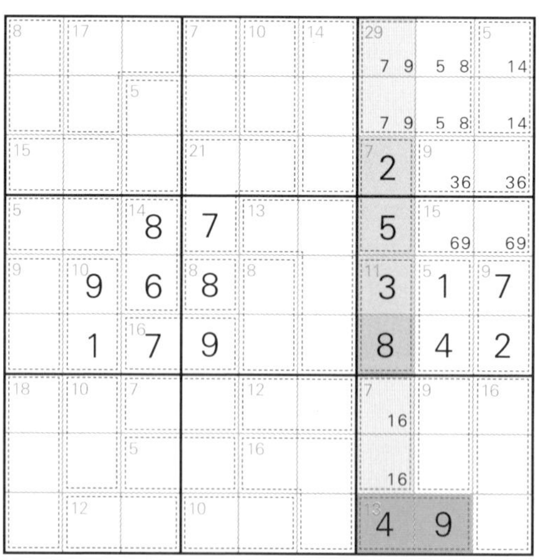

图6-9

注意第七列中，R3C7=2，R4C7=5，R5C7=3，根据数组筛选法，得到 R(7,8)C7={1,6}。

再观察第七列，存在两个数对{7,9}和{1,6}，根据列唯一法，R9C7=4；

再根据区唯一法，R9C8=13−4=9。

第19～第22步：如图6−10所示，因为R9C8=9，注意第六宫的R4C(8,9)中的数对{6,9}，根据数对排除法，R4C8=6，R4C9=9。

同理，第三宫的R3C(8,9)，因为R4C8=6，根据数对排除法，R3C8=3，R3C9=6。

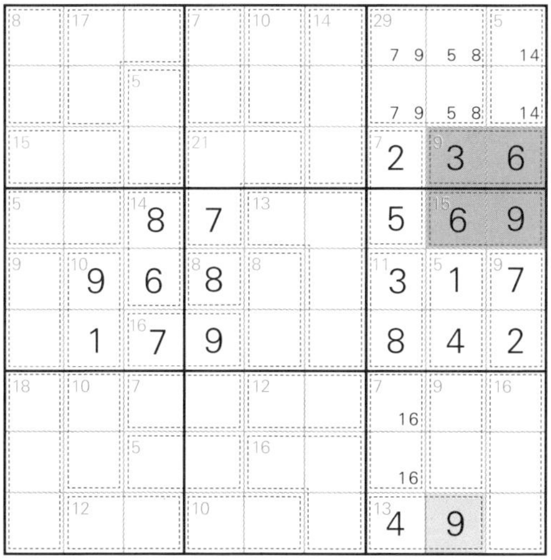

图6-10

第23步：观察图6−11，第九行，因为R9C8=9，因此，R9C3≠9。

再看第七宫第七行的区R7C(3,4)=7{2}，显然，R7C3＜7。

同理，第七宫第八行的区R8C(3,4)=5{2}，有R8C3＜5。

再注意第一宫第三列的区R(2,3)C3=5{2}，有R2C3＜5，R3C3＜5。

综合以上条件，第三列中，区块R(2,3,7,8,9)C3≠9。这样，该列中只剩下一个空格了，得到R1C3=9。

这是杀手数独中基于数值大小的**关系排除法**，经常会用到。一般地，在一个单元中，甚至在一个区块中，较大的数或者较小的数更容易应用这个算法获得唯一解。

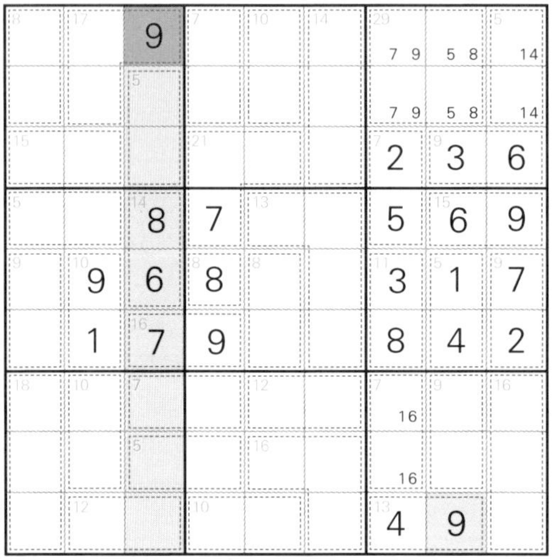

		9						
						7 9	5 8	14
						7 9	5 8	14
						2	**3**	**6**
	8	**7**				**5**	**6**	**9**
9	**6**	**8**				**3**	**1**	**7**
1	**7**	**9**				**8**	**4**	**2**
							16	
							16	
						4	**9**	

图6-11

第24、第25步：观察图6-12，第三宫中，R(1,2)C7={7,9}。同时，因为R1C3=9，根据数对排除法，得到R1C7=7，R2C7=9。

从另外一个观察的角度，应用宫排除法，因为R1C3=9，R4C9=9以及R9C8=9，也可以得到R2C7=9。

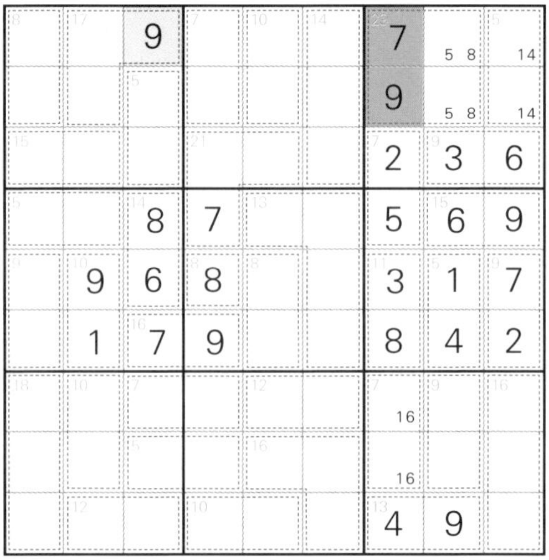

		9				**7**	5 8	14
						9	5 8	14
						2	**3**	**6**
	8	**7**				**5**	**6**	**9**
9	**6**	**8**				**3**	**1**	**7**
1	**7**	**9**				**8**	**4**	**2**
							16	
							16	
						4	**9**	

图6-12

第26、第27步：如图6-13所示，第一宫第三列，区R(2,3)C3，根据 5{2}=1+4=2+3，该区有两个候选数组。注意第三行R3C7=2，R3C8=3，因此，R3C3≠{2,3}，数组 {2,3}被杀，得到R(2,3)C3={1,4}。

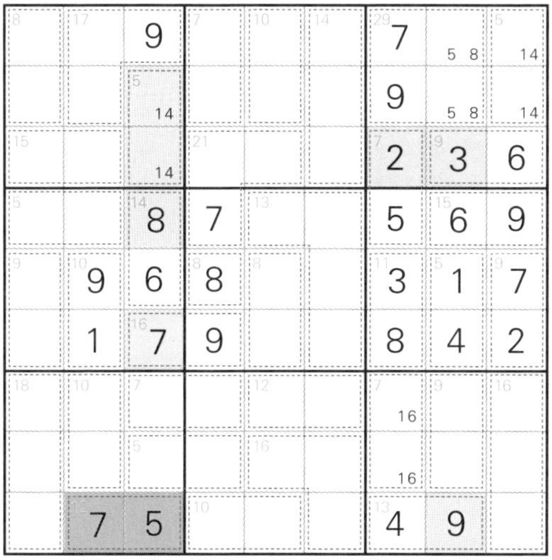

图6-13

然后，观察第七宫第九行，区R9C(2,3)，12{2}=9+3=8+4=7+5，有三个候选数组。第九行，因为R9C8=9，数组{3,9}被杀；第三列，因为R(2,3)C3={1,4}，R4C3=8，数组{4,8}也被阻击在城门之外。因此，该区的唯一数组是{5,7}，即R9C(2,3)={5,7}。

再注意到R6C3=7，根据数对排除法，有R9C2=7，R9C3=5。

第28～第31步：如图6-14所示，第一宫第三行，区R3C(1,2)，该区有两个候选数组，15{2}=9+6=8+7。因为R1C3=9，根据数组筛选法，得到数对，R3C(1,2)={7,8}。

注意到R9C2=7，应用数对排除法，得到R3C1=7，R3C2=8。

观察第四宫第一列，区R(5,6)C1，9{2}=8+1=7+2=6+3=5+4，有四个候选数组。

注意第六行，R6C2=1和R6C3=7，数组{1,8}和{2,7}被剔除；第五行中，R5C3=6，因此，数组{3,6}也退出了权力争夺的舞台，区块R(5,6)C1中的唯一数组是{4,5}。

注意到第六行中R6C8=4，所以，得出R5C1=4，R6C1=5。

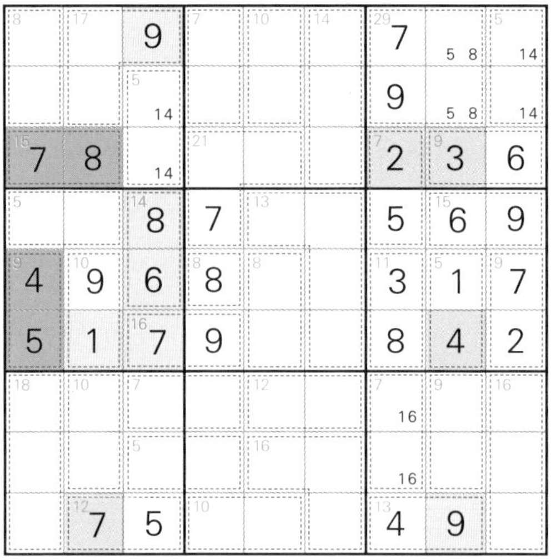

图6-14

第32～第35步： 如图6-15所示，第四宫第四行，区R4C(1,2)有两个候选数组，5{2}=1+4=2+3。考虑到R5C1=4，根据数组筛选法，得出R4C(1,2)={2,3}。

观察第一宫第一列，8{2}=1+7=2+6=3+5，区R(1,2)C1有三个候选数组。考虑到第一列R3C1=7，数组{1,7}被排除；第一列，R6C1=5，因此数组{3,5}也黯然而去。这样，得到数对R(1,2)C1={2,6}。

用第一列的数对{2,6}对第四宫的数对{2,3}进行排除，得到R4C2=2，R4C1=3。

注意第二宫第四列的区21{3}，有R3C4+R3C5=21-7=14。也就是说，区块R3C(4,5)，有两个候选数组，14{2}=9+5=8+6。

注意第三行R3C2=8，R3C9=6，数组{6,8}被阻截，根据数组筛选法，R3C(4,5)={5,9}。

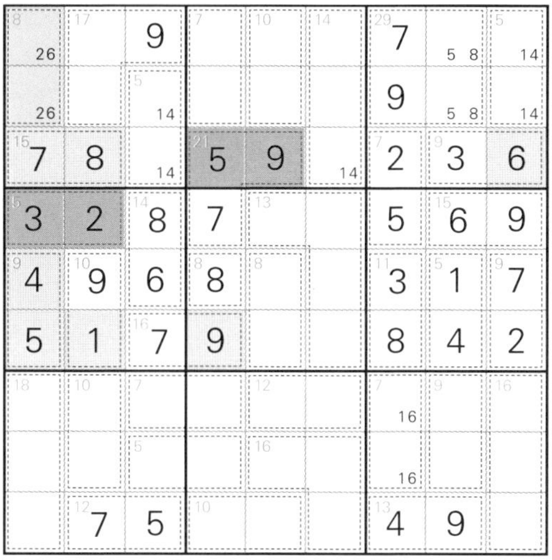

图6-15

注意第四列R6C4=9，应用数对排除法，有R3C4=5，R3C5=9。

这样，第三行仅剩的两个空格中存在余数数对，R3C(3,6)={1,4}。

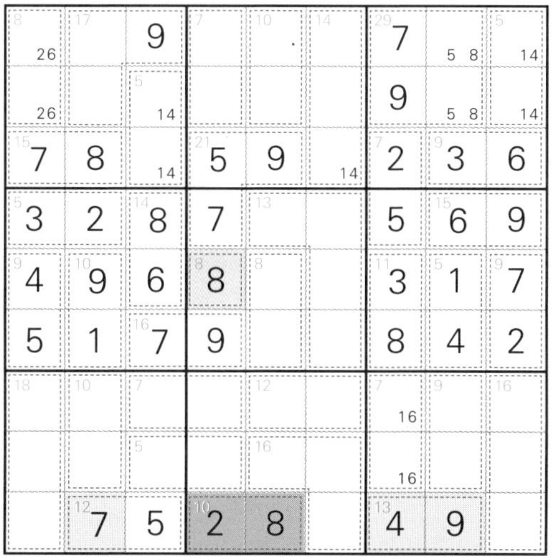

图6-16

第36、第37步：如图6-16所示，第八宫第九行，区R9C(4,5)中存在四个候选数组，10{2}=1+9=2+8=3+7=4+6。

注意到第九行中，R9C2=7，R9C7=4，R9C8=9，根据数组筛选法，得出R9C(4,5)={2,8}。

再根据R5C4=8，应用数对排除法，得出R9C4=2，R9C5=8。

第38步：如图6-17所示，第一宫第三列，注意到R(2,3)C3存在数对{1,4}，第三列中剩下的两个空格存在余数数对，R(7,8)C3={2,3}。

因为R(7,8)C3存在数对{2,3}，所以R7C3的候选数仅限于2和3，即R7C3={2,3}。观察第七行中的区R7C(3,4)，得到R7C4=7－R7C3，因此，有R7C4的候选数也仅限于5和4，即R7C4={4,5}。

再注意到第四列中R3C4=5，因此，R7C4≠5。

综合以上所述，得到R7C4=4。

这种方法属于重叠区块的数字约束条件的传递。R(7,8)C3={2,3}是我们在解题过程中寻找到的新区块，而R7C(3,4)是一个7{2}的给定区，这两个区重叠复合，约束条件联合应用就能得到非常好的结果。

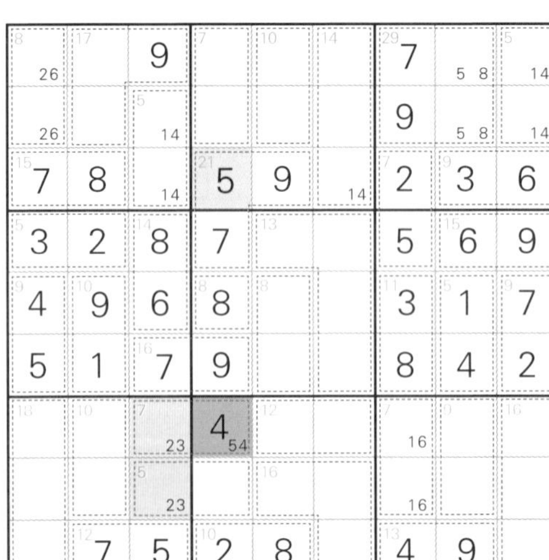

图6-17

第39～第41步：如图6-18所示，在第七行的区7{R7C3,R7C4}，根据区唯一法，R7C3=7-4=3。

在第七宫中，R8C3=2。

第八行的区5{2}，根据区唯一法，R8C4=5-2=3。

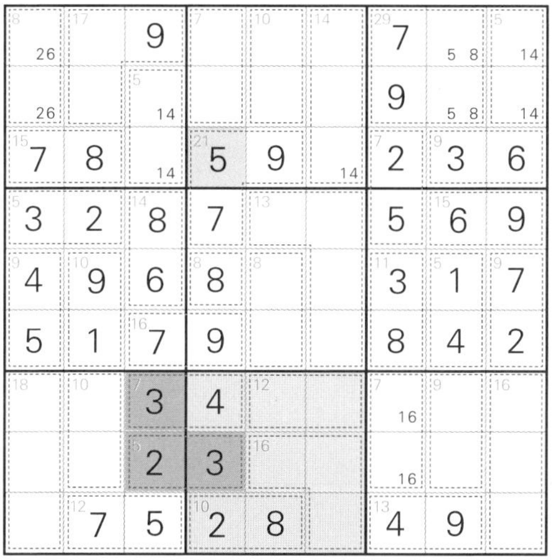

图6-18

第42～第44步：如图6-19所示，第九宫第九行，因为R7C3=3，R8C4=3，根据宫排除法，R9C9=3。

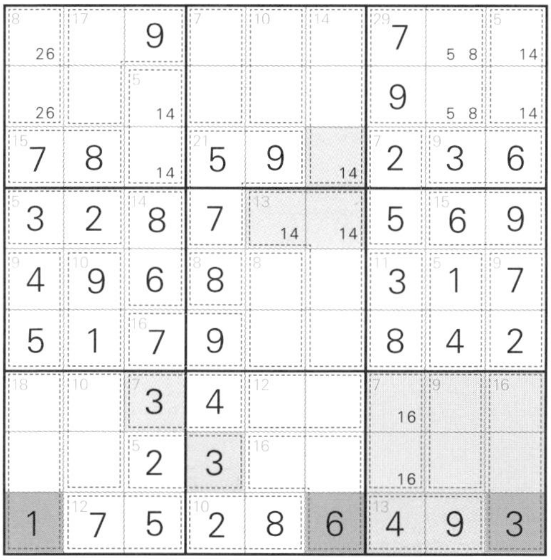

图6-19

注意第四行，余下两个空格中，形成余数数对，R4C(5,6)={1,4}。

这样，会发现第六列R(3,4)C6中存在数对{1,4}，即R(3,4)C6={1,4}。

用第六列中的数对{1,4}，对第九行应用行排除法，得到R9C1=1，R9C6=6。

第45、第46步：如图6-20所示，第八宫的区16{3}，其中R9C6=6，因此，R8C5+R8C6=16-6=10。10=1+9=2+8=3+7=4+6，根据数组筛选法，得到R8C(5,6)={1,9}。

根据R3C5=9，应用数对排除法，R8C5=1，R8C6=9。

第八宫余下的区12{2}中存在余数数对{5,7}。

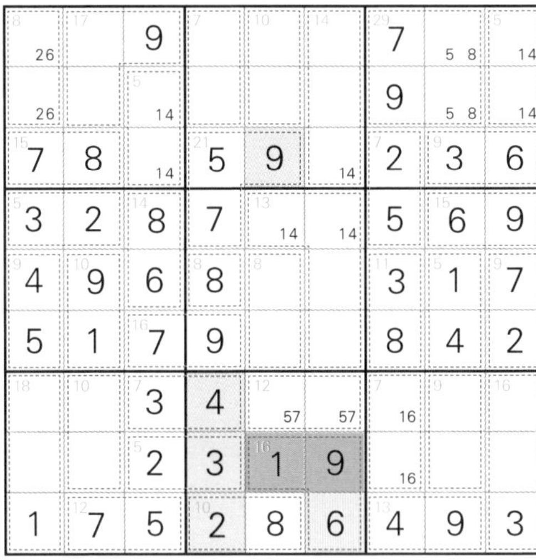

图6-20

第47～第55步：如图6-21所示，第九宫第七列R(7,8)C7，7{2}存在余数数对{1,6}。

因为R8C5=1，根据数对排除法，得出R7C7=1，R8C7=6。

同理，因为R8C5=1，应用数对排除法，依次可以得到：R4C5=4，R4C6=1，R3C6=4，R3C3=1，R2C3=4，R2C9=1，R1C9=4。

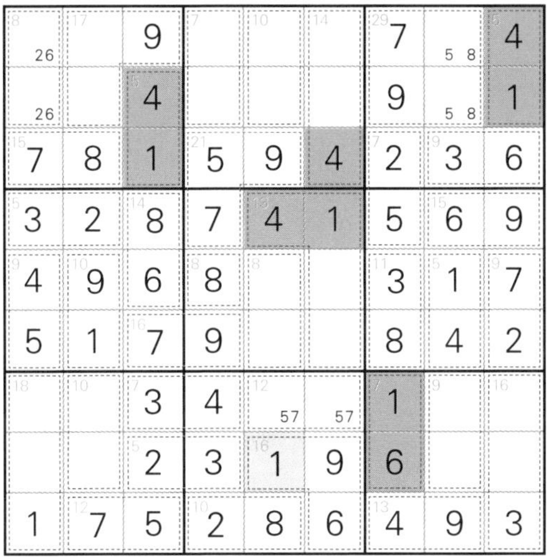

图6-21

第56、第57步：如图6-22所示，第五列第二宫，区R(1,2)C5=10{2}，有四个候选数组{1,9}、{2,8}、{3,7}以及{4,6}。因为第五列中，R3C5=9，R4C5=4，R9C5=8，根据数组筛选法，得出R(1,2)C5={3,7}。

根据R1C7=7，应用数对排除法，有R1C5=3，R2C5=7。

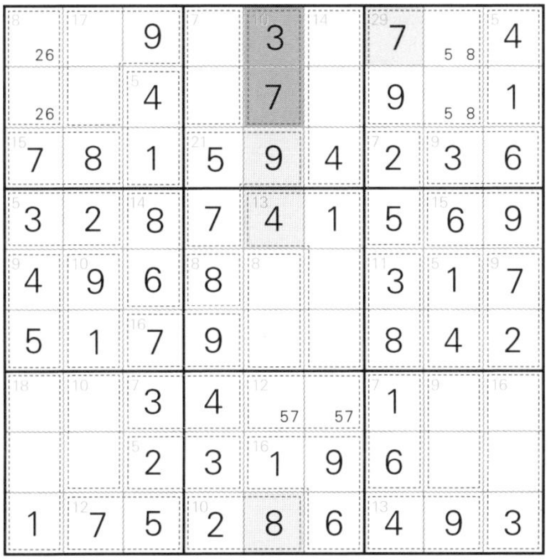

图6-22

第58～第81步： 剩下的工作只需要应用标准数独的基础算法即可，终盘如图6-23所示，不再赘述。

6	5	9	1	3	2	7	8	4
2	3	4	6	7	8	9	5	1
7	8	1	5	9	4	2	3	6
3	2	8	7	4	1	5	6	9
4	9	6	8	2	5	3	1	7
5	1	7	9	6	3	8	4	2
9	6	3	4	5	7	1	2	8
8	4	2	3	1	9	6	7	5
1	7	5	2	8	6	4	9	3

图6-23

技法点拨

一、四五法则和同区排除法

例题6.2

如图6-24所示，这是一道杀手数独习题，请在阴影区域的空格中填入正确的数字。

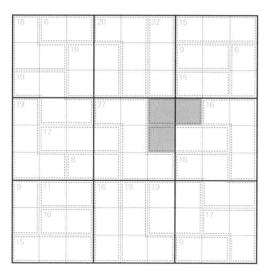

图6-24

解答

四五法则在应用时并不限于一个单元（行、列、宫），而有可能是多个单元，例如多个行或多个列。四五法则不但能直接得到空格中的唯一解，还可以得到新的区块。

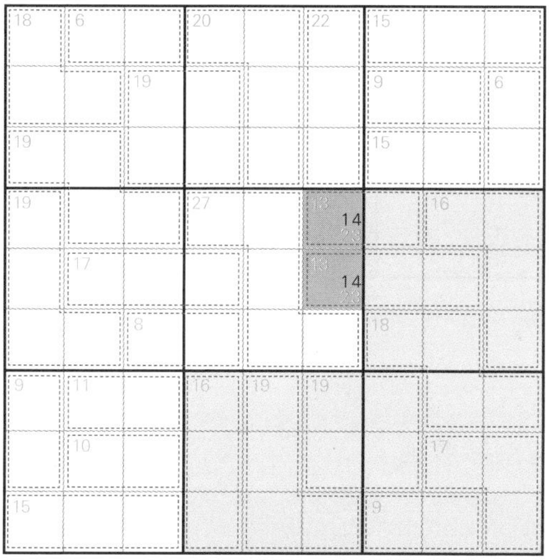

图6-25

如图6-25所示，注意观察第六宫、第八宫和第九宫中给定区的情况，根据四五法则：

$$R4C6+R5C6=13+16+13+18+16+19+19+17+9-45\times3=5$$

也就是说区块R(4,5)C6=5{2}，这个新区块中有两个候选数组{1,4}和{2,3}，也就是说R4C6中的候选数字是{1,2,3,4}。

如图6-26所示，R4C(6,7)=13{2}，R4C6+R4C7=13，显然，R4C6≠{1,2,3}，否则，R4C7＞9，与规则矛盾。因此，R4C6=4。

这样，根据区唯一法，R4C7=13-4=9；R5C6=5-4=1。

注意R4C6是区R(4,5)C6和给定区R4C(6,7)的公共区域，在这种情况下，通过这两个区的约束条件，就可以获得非常好的结果。

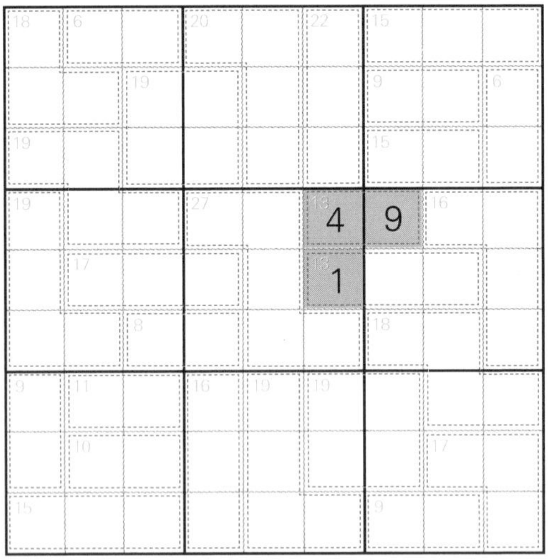

图6-26

二、标准数独与杀手数独

标准数独的游戏规则及算法全部都可以应用到九阶杀手数独游戏中，明确这一点，将事半功倍。

 例题6.3

如图6-27所示，这道题与例题6.2是同一道习题，已经解出7个空格中的数字，你能继续下去，再解出空格R3C5中的数字吗？

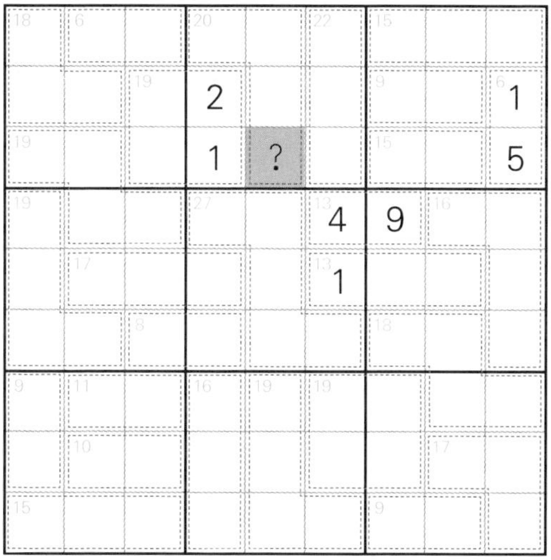

图6-27

解答 ▶▶▶

如图6-28所示，第一宫和第二宫的区19{R2C3,R3C3,R2C4,R3C4}，有R2C3+R3C3=19-(1+2)=16。根据16{2}=7+9，区块R(2,3)C3中存在唯一数组，形成数对，即R(2,3)C3={7,9}。

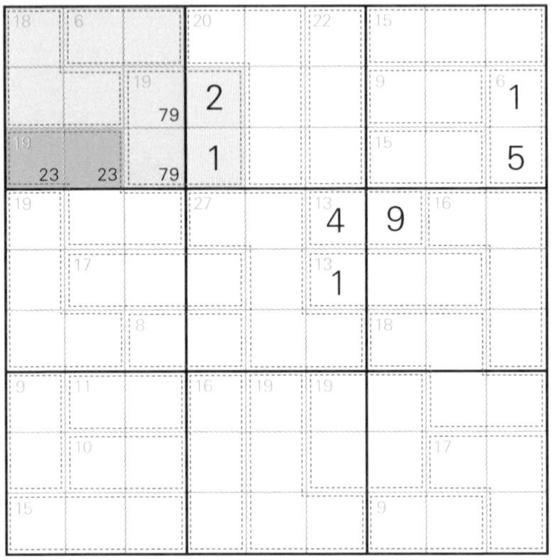

图6-28

注意第二宫中的区块R4C(2,3)，根据四五法则，有

R3C1+R3C2=45-[18+6+(19-1-2)]=5

而5{2}=1+4=2+3，区块R3C(1,2)中存在两个候选数组{1,4}和{2,3}。

第三行中，因为R3C4=1，根据数组筛选法，数组{1,4}被排除，所以有
R3C(1,2)={2,3}。

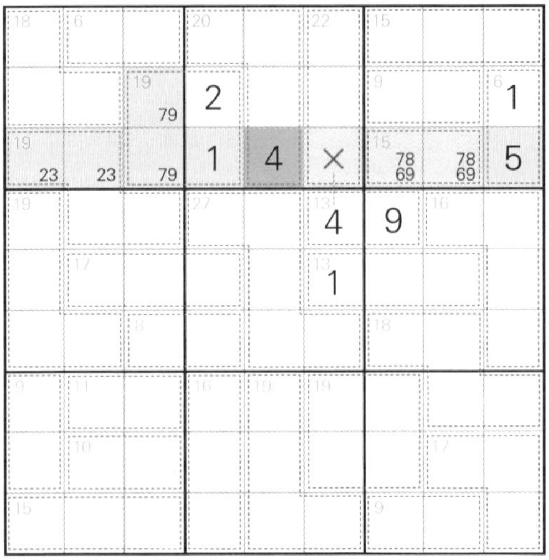

图6-29

如图6-29所示，再观察第三宫中的区R3C(7,8)，15{2}=9+6=8+7。这个给定区内仅有两个候选数组{6,9}和{7,8}。

第六列R4C6=4，因此，R3C6≠4。

综合以上，在第三行对数字4应用排除法，得到R3C5=4。

这是一个充分运用区块数对的排他性、数组的约束条件以及标准数独的基础算法得出唯一解的例子。

三、不可小视的隐形杀手

 例题6.4

既然是杀手数独，寻找杀手、善用杀手的工作必不可少。如图6-30所示，这一道杀手数独习题已经解出四个空格中的数字，请用较少的步骤找到方格R3C1和R4C1中的唯一解。

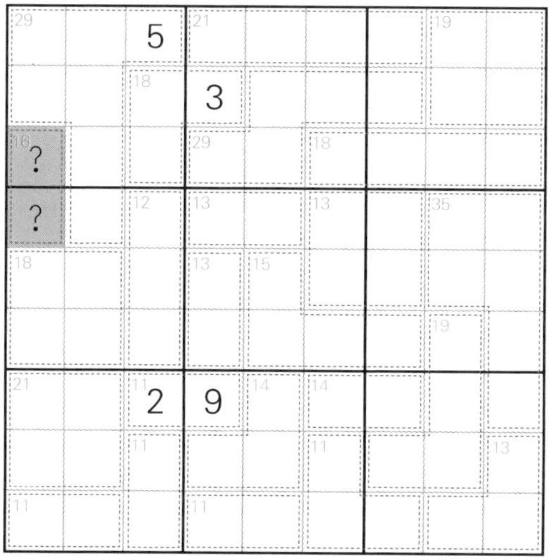

图6-30

解答 ▶▶▶

如图6-30所示,阴影部分的区R(3,4)C1,根据16{2}=7+9,该区具有唯一数组,形成数对,即R(3,4)C1={7,9}。

如图6-31所示,注意观察第七宫的区R(8,9)C3,根据11{2}=9+2=8+3=7+4=6+5,该区有四个候选数组。第三列中有数字杀手R1C3=5和R7C3=2,数组{5,6}和{2,9}相继被杀,因此,R(8,9)C3中的候选数组还剩下{3,8}和{4,7}。

再观察第一宫和第二宫中的区18{R2C3,R2C4,R3C3},因为R2C4=3,得出R2C3+R3C3=18-3=15,区块R(2,3)C3中有两个候选数组{6,9}和{7,8}。

注意第三列中的区R(8,9)C3,目前有两个候选数组{3,8}和{4,7},无论其中哪一个数组成为它的唯一数组,R(2,3)C3中的数字组合{7,8}都会被剔除掉。

这真是一个隐形杀手!

因此,区块R(2,3)C3的唯一数组为{6,9}。因为R(2,3)C3={6,9},所以R3C1≠9,根据数对排除法,R4C1=9。

然后,根据区唯一法,R3C1=16-9=7。

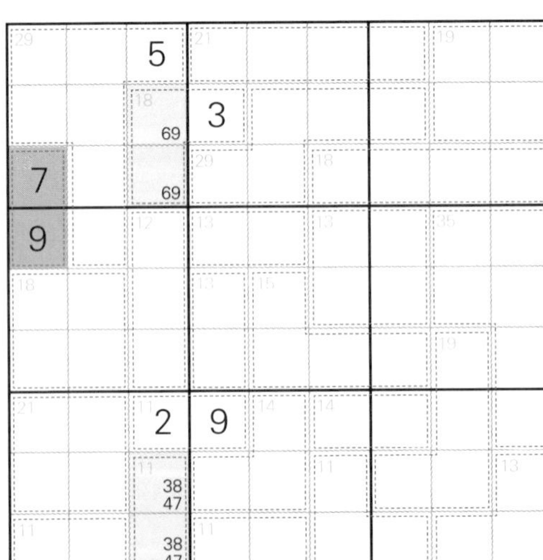

图6-31

166

四、对抗和结盟

例题6.5

如图6-32所示，已知R(8,9)C2中锁定了数字9，你能判断出数字9是在空格R8C2 和R9C2中的哪一个吗?

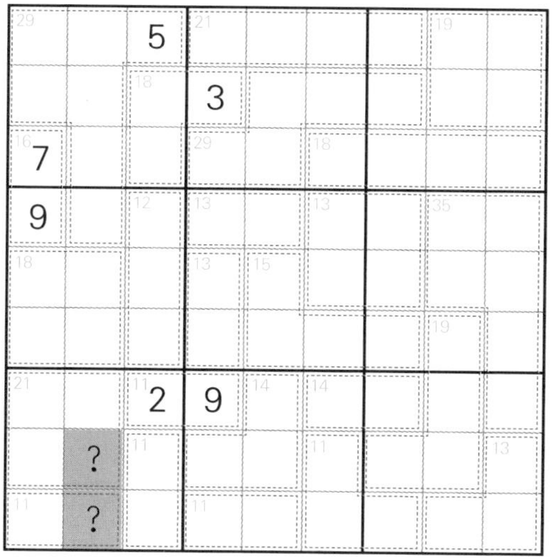

图6-32

解答

杀手数独就如同一场权力的游戏，宫、行、列、区、区块相互交织，数字、数组、数对、数集穿行于其间，刀光剑影，攻城夺地。

观察第七宫中的区块R9C(1,2)=11{2}，11{2}=9+2=8+3=7+4=6+5，该区存在四个候选数组。

因为R7C3=2，数组{2,9}默默地退出了竞争。这样，R9C(1,2)的候选数为{3,4,5,6,7,8}。

因为R(8,9)C2=9，而R9C(1,2)≠9，所以，R8C2=9。

例题6.6

权力的游戏，当然是有对抗，也会有结盟。如图6–33所示，你能判断出空格R3C8和R3C9中的数字吗？

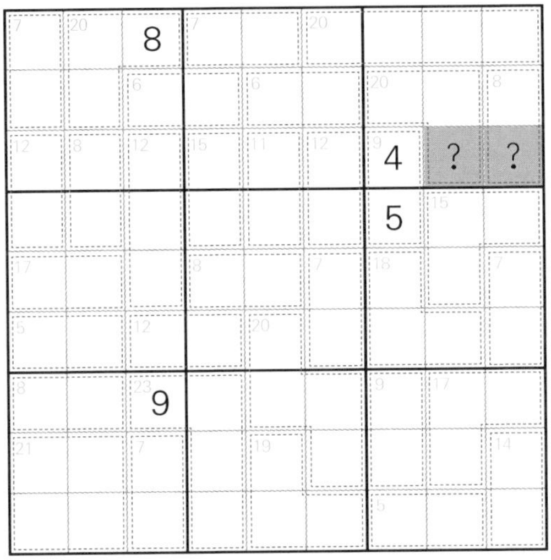

8
4
5
9

图6–33

解答

如图6–34所示，首先观察第一行和第二行的情况，根据四五法则，有

$$R3C8+R3C9=7+20+6+7+6+20+20+8-45\times 2=4$$

而4{2}=1+3，R3C(8,9)存在唯一数组，R3C(8,9)={1,3}。

现在的问题是R3C8和R3C9中，哪一个方格的数字是3，哪一个方格的数字是1。

注意第二行的区R2C(3,4)和区R2C(5,6)，6{2}=1+5=2+4，这两个区分别有两个候选数组，两个独立区。两个数组，说明它们一个是{1,5}，另一个就是{2,4}，即R2C(3,4,5,6)={1,2,4,5}，区R2C(3,4)和区R2C(5,6)结盟，联手形成**四数集**。

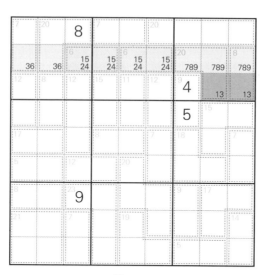

图6-34

再观察第一行，根据四五法则，R2C1+R2C2=7+20+7+20−45=9，9{2}=8+1=7+2=6+3=5+4，说明R2C(1,2)区块中存在四个候选数组。

因为R2C(3,4,5,6)={1,2,4,5}，根据数组筛选法，R2C(1,2)={3,6}。

综合以上所述，第二行中，根据行排除法，区块R2C(7,8,9)中存在余数三数集{7,8,9}。

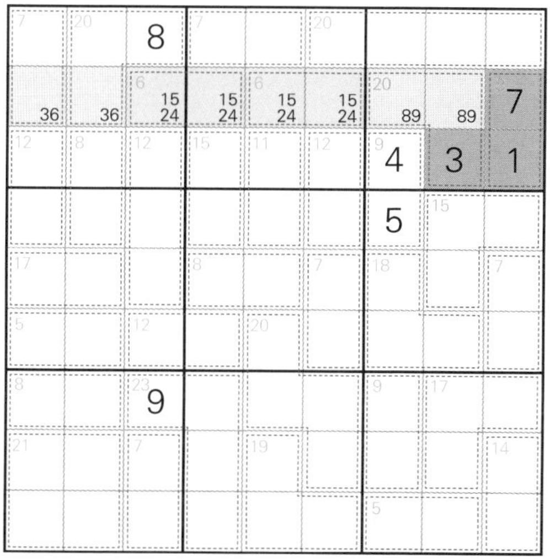

图6-35

如图6-35所示，因为R2C9+R3C9=8，所以R2C9＜8，即R2C9≠{8,9}，得出R2C9=7。

这样，根据区唯一法，得到R3C9=8-7=1。

最后，根据数对唯一法，得到R3C8=3。

习题六

#601

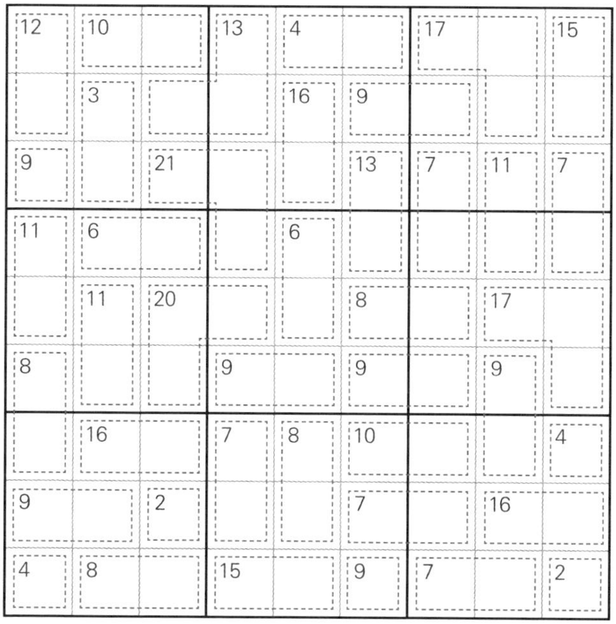

12	10		13	4		17		15
	3			16	9			
9		21			13	7	11	7
11	6			6				
	11	20			8		17	
8			9		9		9	
	16		7	8	10			4
9		2			7		16	
4	8		15		7	7		2

#602

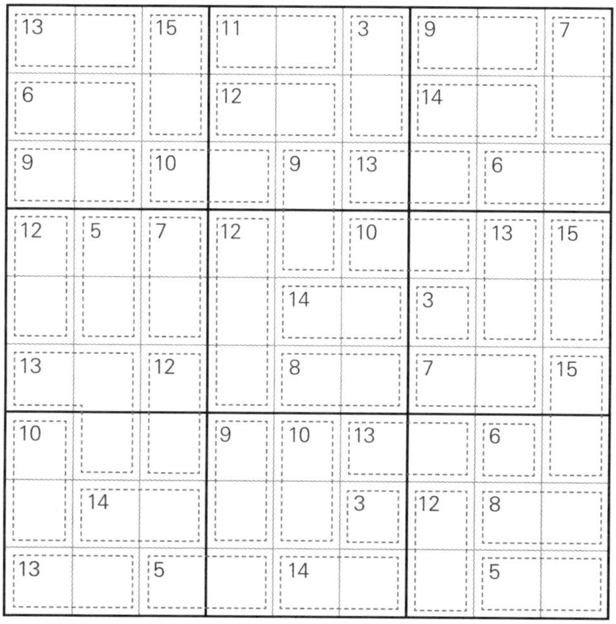

13		15	11		3	9		7
6			12			14		
9		10		9	13		6	
12	5	7	12				13	15
				14		3		
13		12		8		7		15
10			9	10	13		6	
	14				3	12	8	
13		5		14			5	

解题时间 [   ]

解题时间 [   ]

171

#603

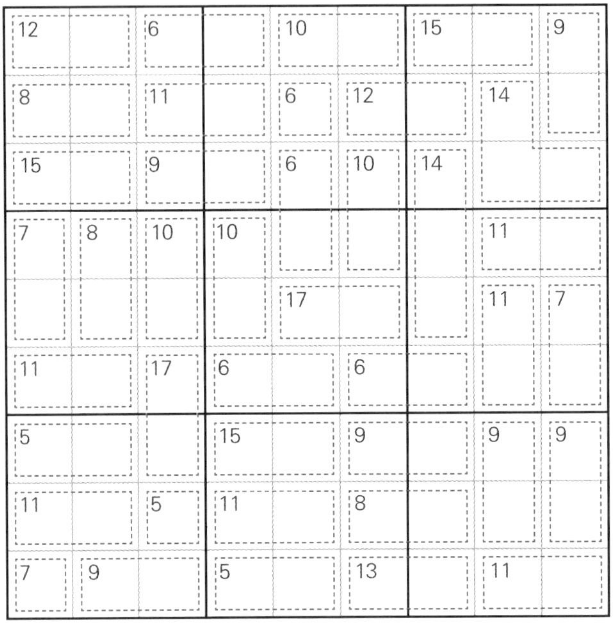

解题时间 [　]

#604

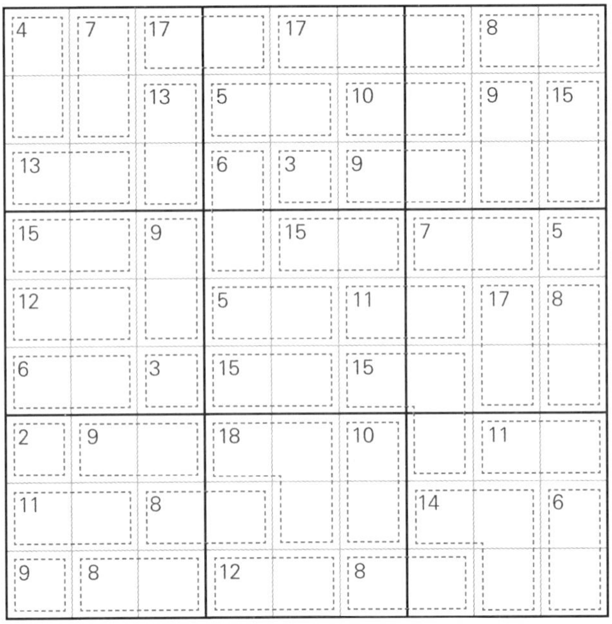

解题时间 [　]

#605

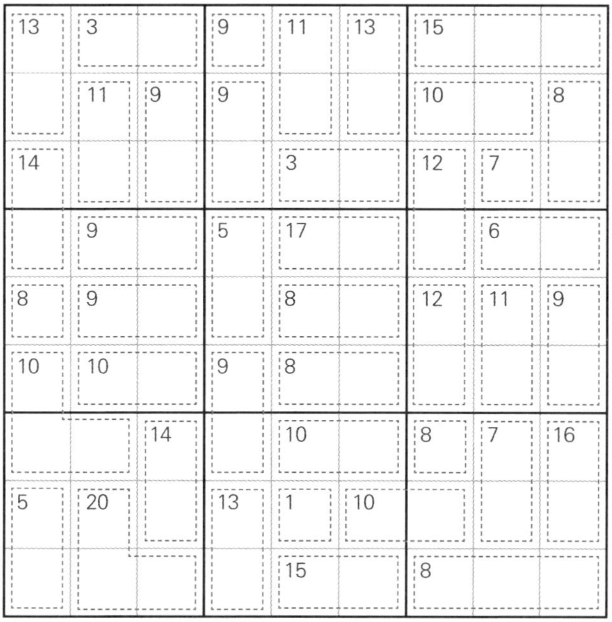

#606

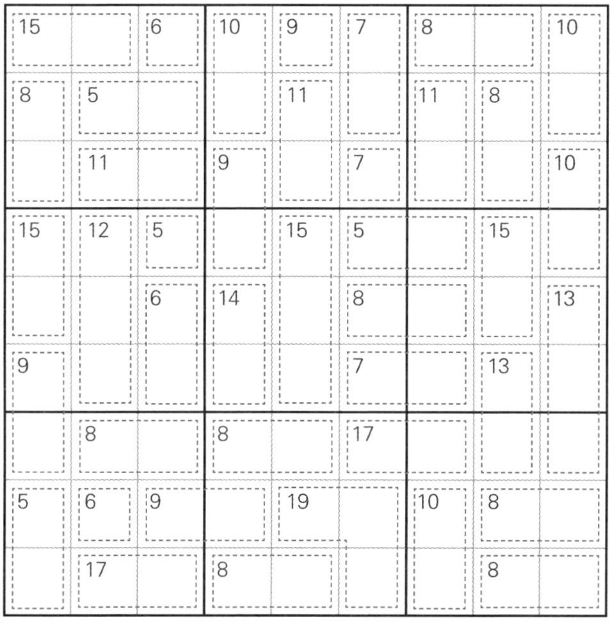

#607

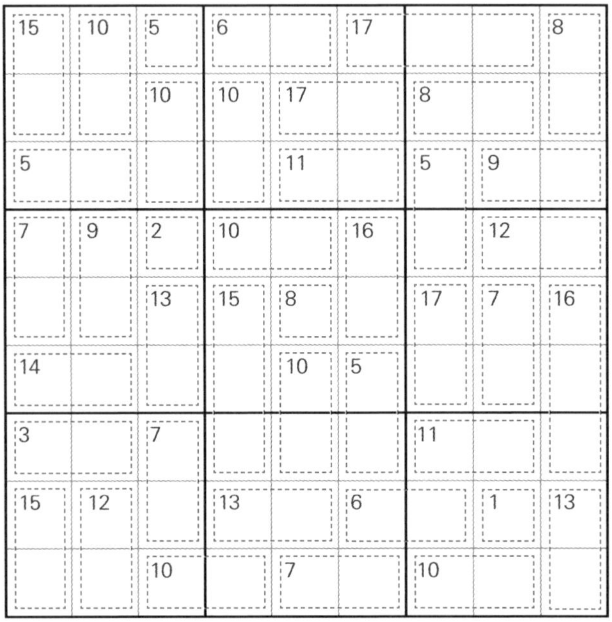

15	10	5	6		17			8
		10	10	17		8		
5				11		5	9	
7	9	2	10		16		12	
		13	15	8		17	7	16
14				10	5			
3		7				11		
15	12		13		6		1	13
		10		7		10		

解题时间〔　　　〕

#608

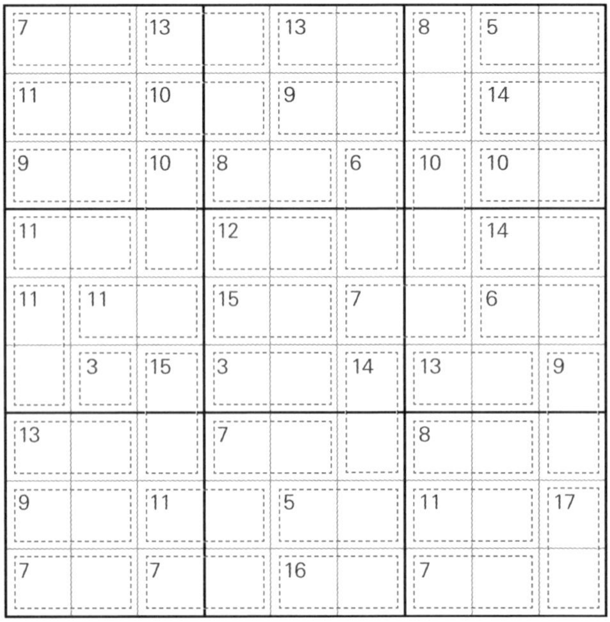

7		13		13		8	5	
11		10		9			14	
9		10	8		6	10	10	
11			12				14	
11	11		15		7		6	
	3	15	3		14	13		9
13			7			8		
9		11		5		11		17
7		7		16		7		

解题时间〔　　　〕

#609

解题时间[ ]

#610

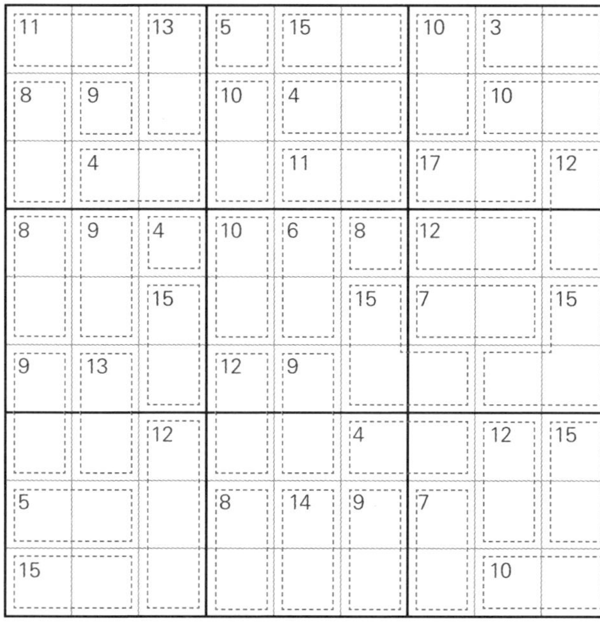

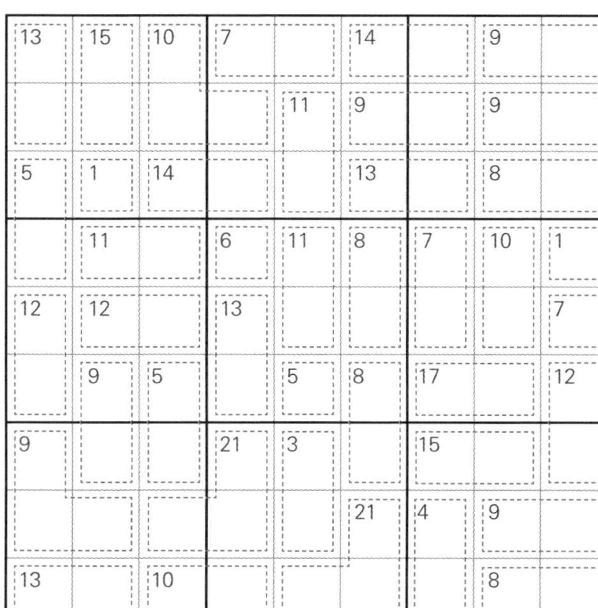

解题时间[ ]

#611

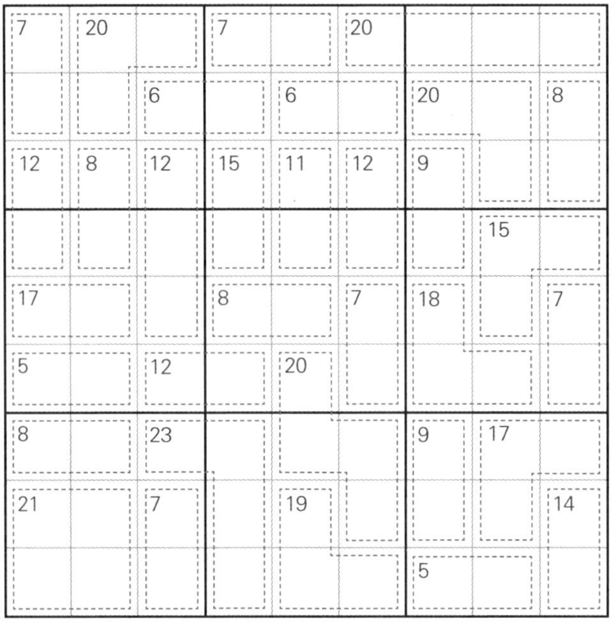

7	20		7		20			
		6		6		20		8
12	8	12	15	11	12	9		
							15	
17			8		7	18		7
5		12		20				
8		23				9	17	
21		7		19				14
						5		

#612

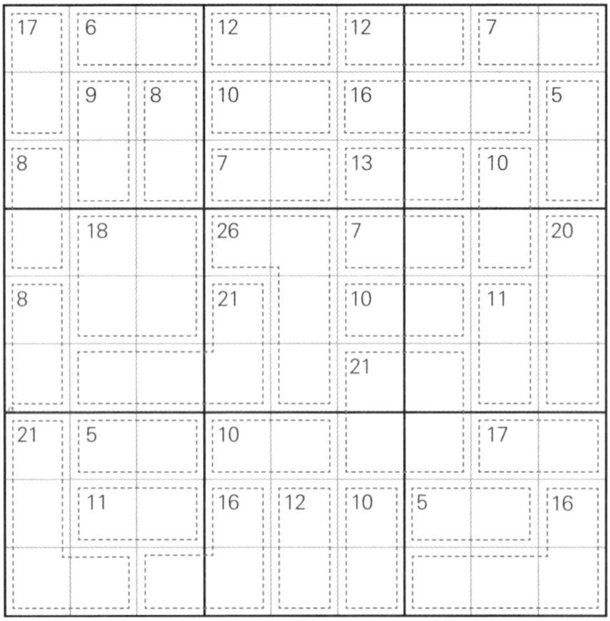

17	6		12		12		7	
	9	8	10		16			5
8			7		13		10	
	18		26		7			20
8			21		10		11	
					21			
21	5		10				17	
	11		16	12	10	5		16

第六章 九阶杀手数独：权力的游戏

#613

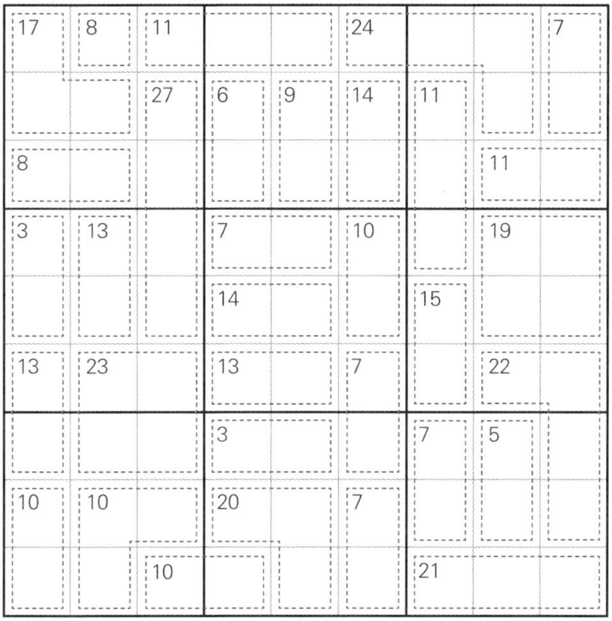

17	8	11			24			7
		27	6	9	14	11		
8							11	
3	13		7		10		19	
			14			15		
13	23		13		7		22	
			3			7	5	
10	10		20		7			
		10				21		

解题时间〔　　　〕

#614

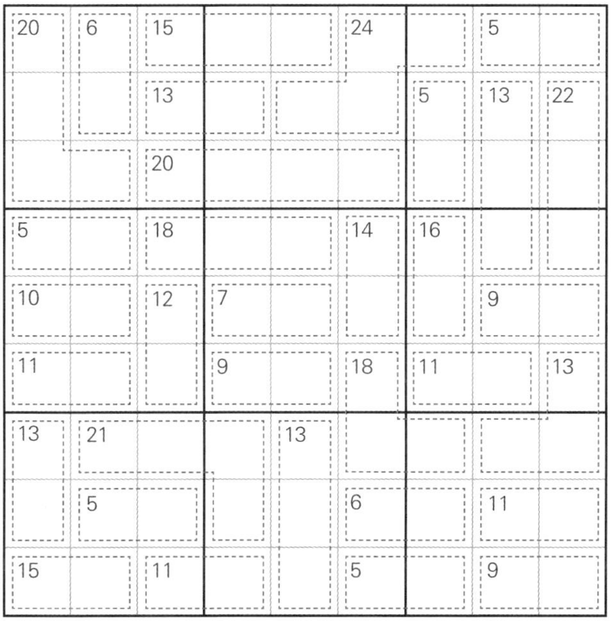

20	6	15			24		5	
		13				5	13	22
		20						
5		18			14	16		
10		12	7				9	
11			9		18	11		13
13	21			13				
	5				6		11	
15		11					9	

解题时间〔　　　〕

177

#615

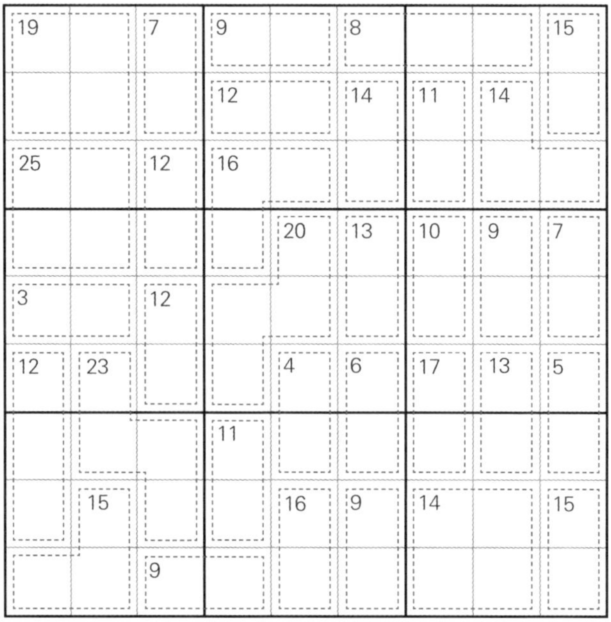

19 7 9 8 15
12 14 11 14
25 12 16
20 13 10 9 7
3 12
12 23 4 6 17 13 5
11
15 16 9 14 15
9

解题时间[ ]

#616

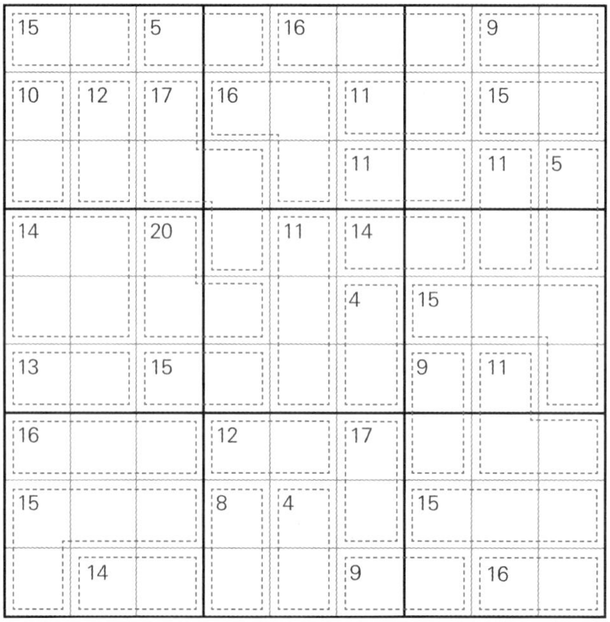

15 5 16 9
10 12 17 16 11 15
11 11 5
14 20 11 14
4 15
13 15 9 11
16 12 17
15 8 4 15
14 9 16

解题时间[ ]

#617

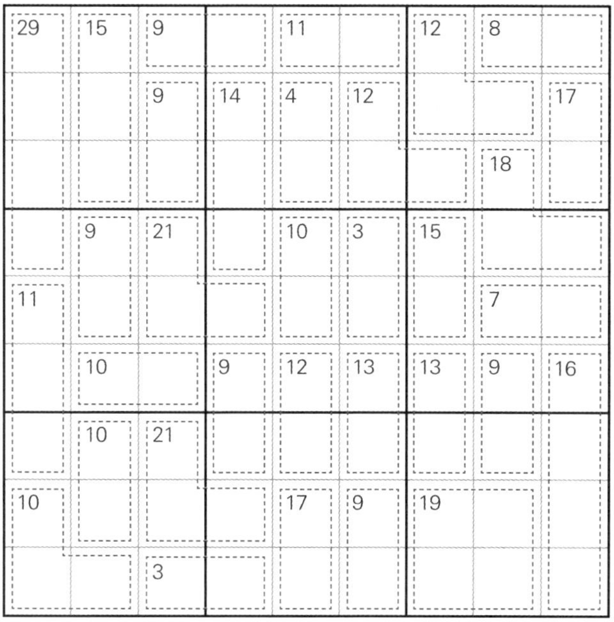

29	15	9		11		12	8	
		9	14	4	12			17
							18	
	9	21		10	3	15		
11							7	
	10		9	12	13	13	9	16
	10	21						
10				17	9	19		
	3							

解题时间 [   ]

#618

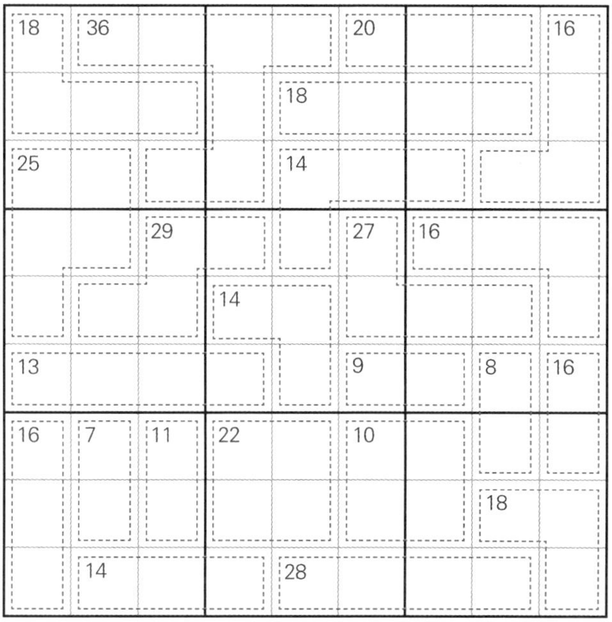

18	36				20			16
				18				
25				14				
		29			27	16		
			14					
13					9		8	16
16	7	11	22		10			
							18	
	14			28				

解题时间 [   ]

#619

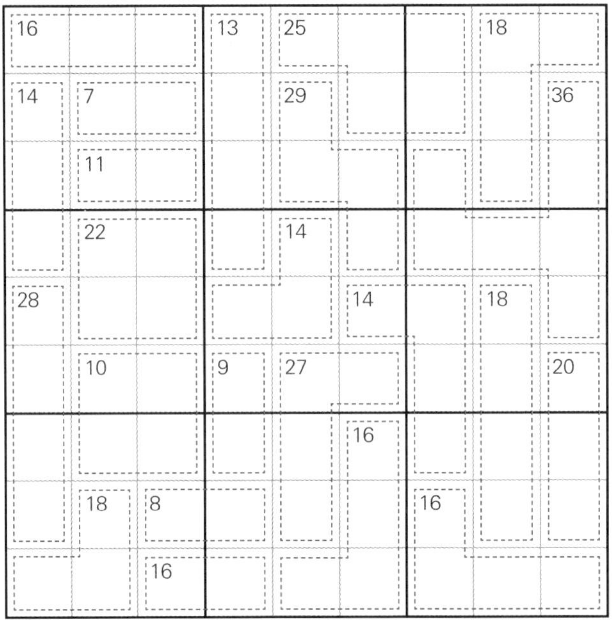

```
16        13  25        18
14  7          29            36
    11
    22          14
28          14        18
    10    9   27            20
                  16
    18  8            16
        16
```

解题时间 [   ]

#620

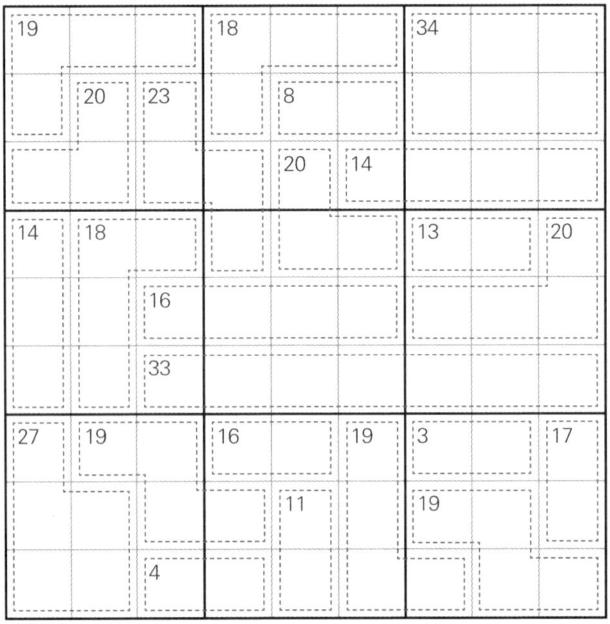

```
19        18        34
    20  23      8
              20  14
14  18              13    20
        16
        33
27  19    16    19  3      17
              11      19
        4
```

解题时间 [   ]

#621

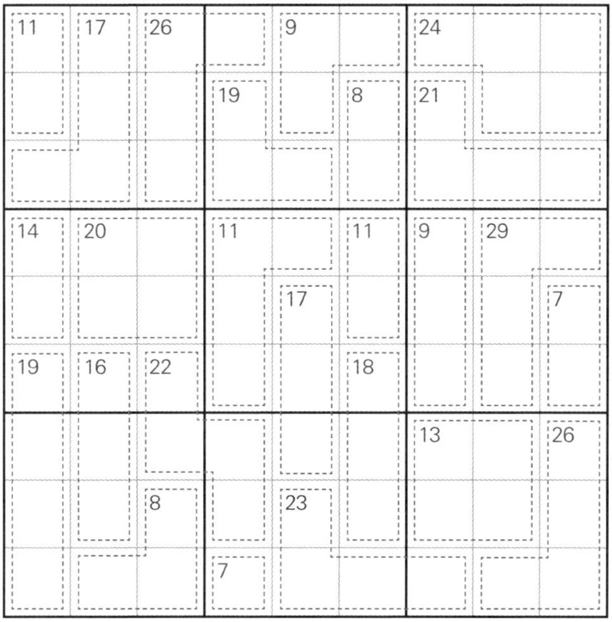

11	17	26		9		24		
			19		8	21		
14	20		11		11	9	29	
				17				7
19	16	22			18			
						13		26
		8		23				
			7					

解题时间 [   ]

#622

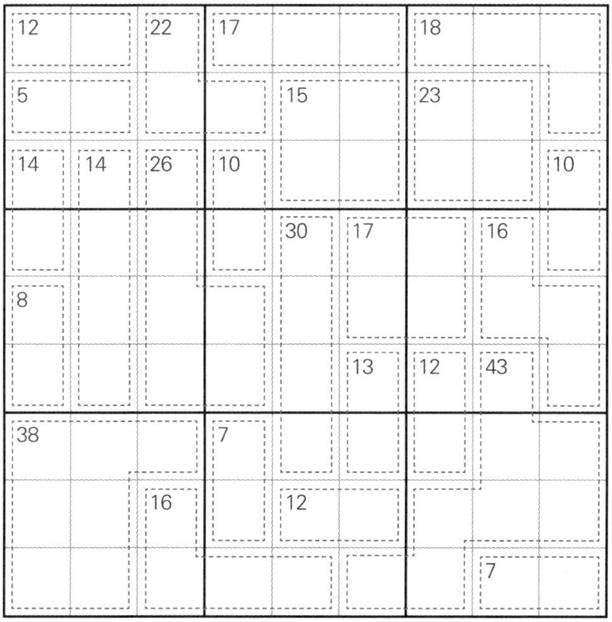

12		22	17			18		
5				15		23		
14	14	26	10					10
				30	17	16		
8								
					13	12	43	
38			7					
		16		12				
						7		

解题时间 [   ]

#623

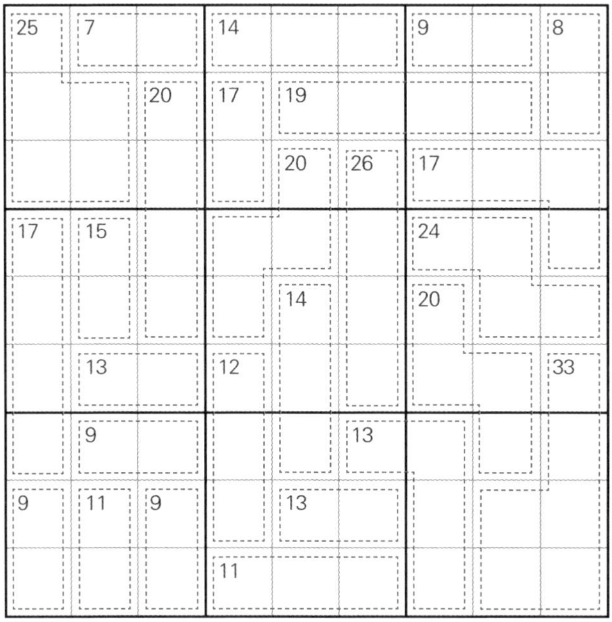

25
7
14
9
8
20
17
19
20
26
17
17
15
24
14
20
13
12
33
9
13
9
11
9
13
11

解题时间［　　　］

#624

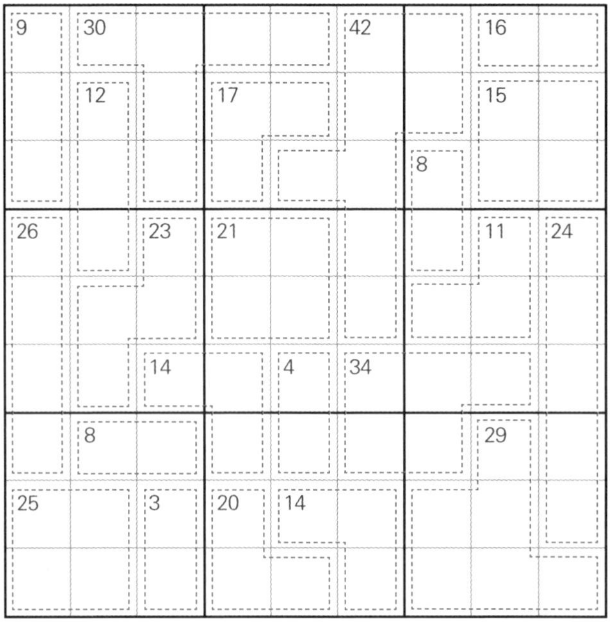

9
30
42
16
12
17
15
8
26
23
21
11
24
14
4
34
8
29
25
3
20
14

解题时间［　　　］

#625

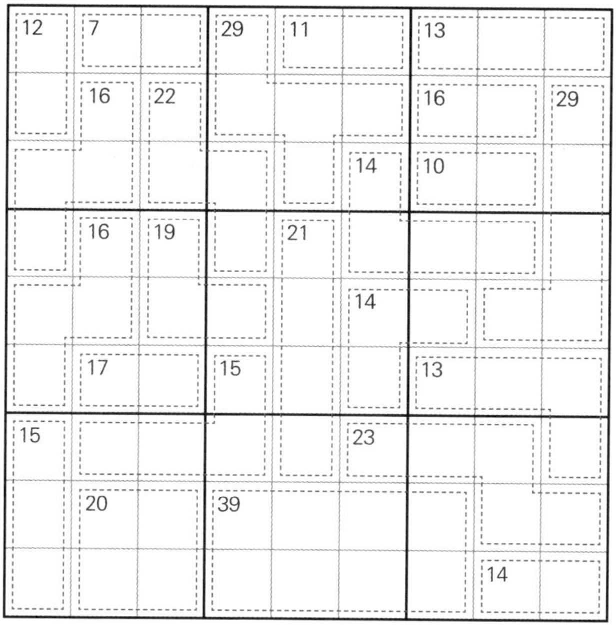

12	7		29	11		13		
	16	22				16		29
					14	10		
	16	19		21				
					14			
	17		15			13		
15				23				
	20		39					
							14	

解题时间 [　　　]

#626

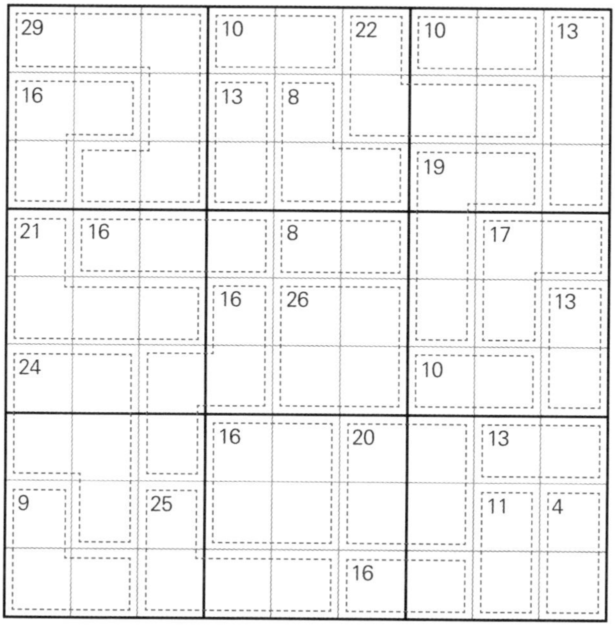

29			10		22	10		13
16			13	8				
						19		
21	16			8		17		
			16	26				13
24						10		
			16		20	13		
9		25				11		4
					16			

解题时间 [　　　]

183

#627

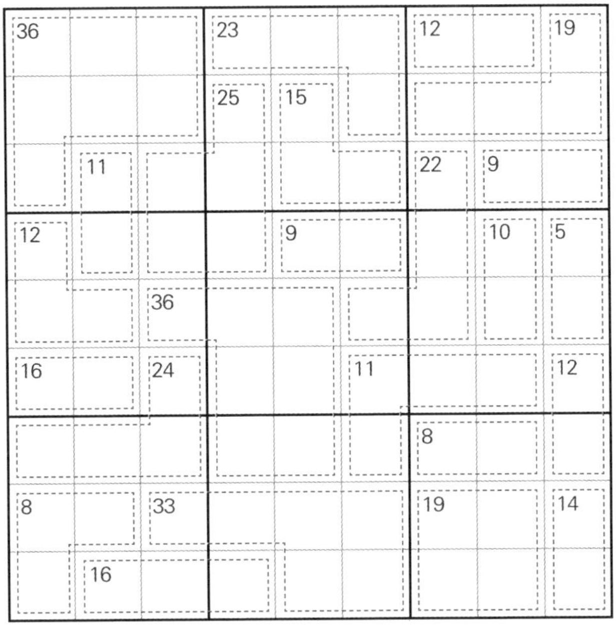

解题时间 [　　]

#628

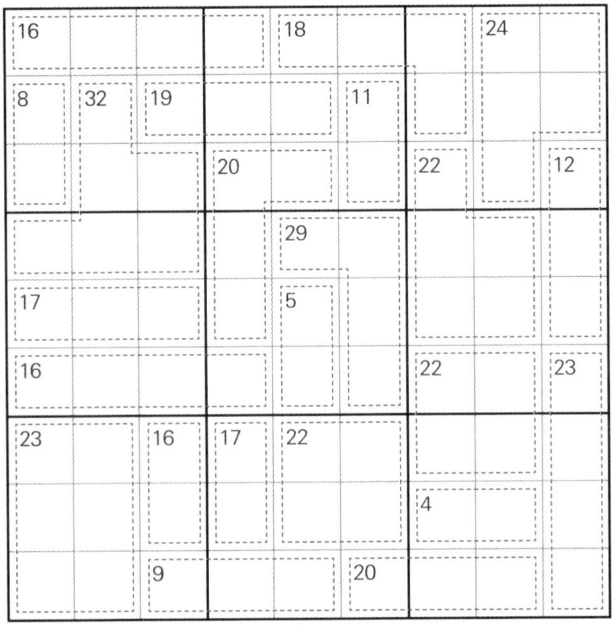

解题时间 [　　]

#629

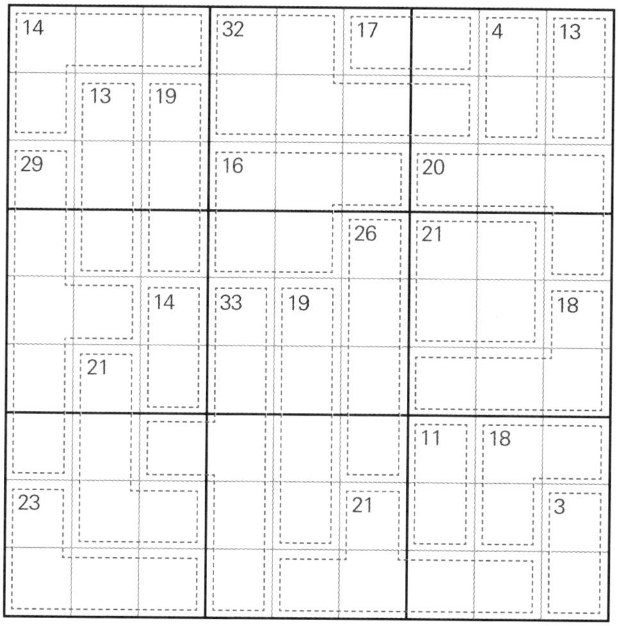

14			32		17		4	13
	13	19						
29			16			20		
					26	21		
		14	33	19				18
	21							
						11	18	
23					21			3

解题时间〔　　〕

#630

24		15		30		18	11
				4			
31	9		11		8		26
				19	28		
28							
	20		11	13			10
			19			32	
10			16	12			

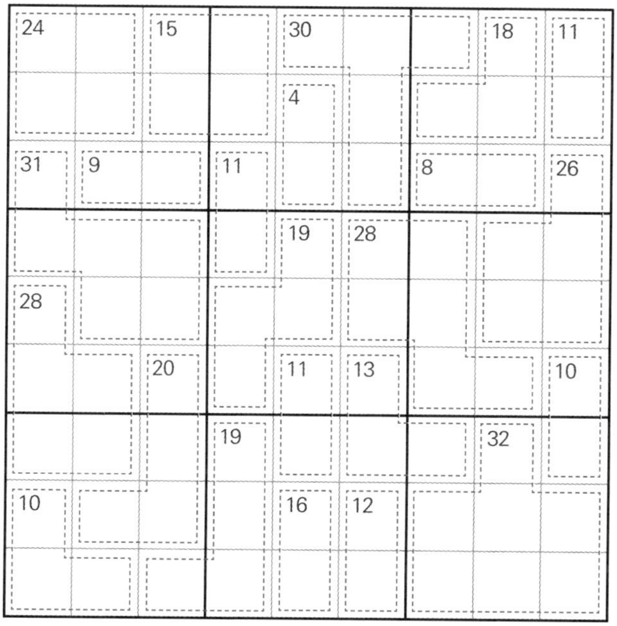

解题时间〔　　〕

#631

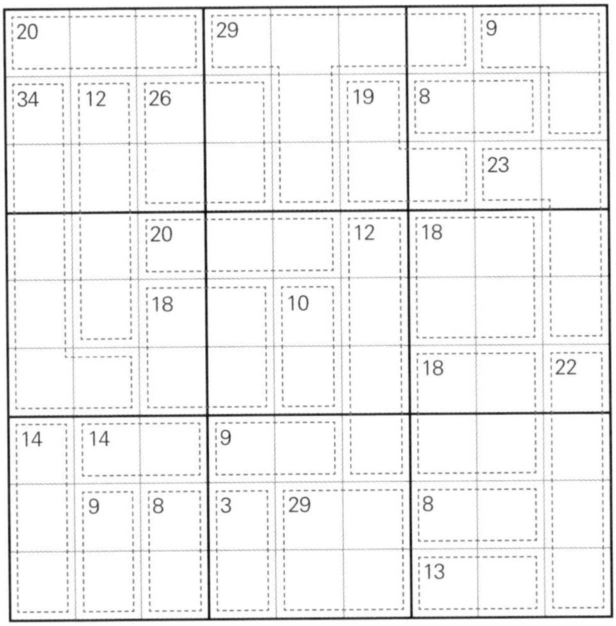

20
29
9
34
12
26
19
8
23
20
12
18
18
10
18
22
14
14
9
8
3
29
8
13

解题时间[ ]

#632

38
16
31
15
18
9
20
16
11
13
4
15
17
14
23
10
12
12
33
36
12
24
6

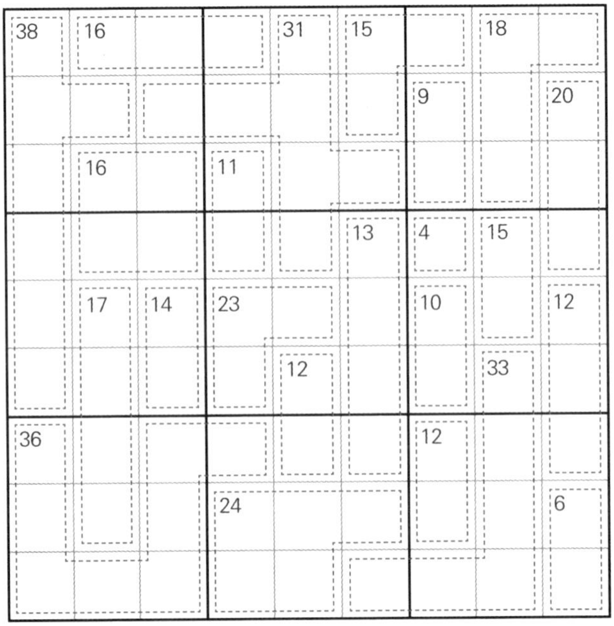

解题时间[ ]

#633

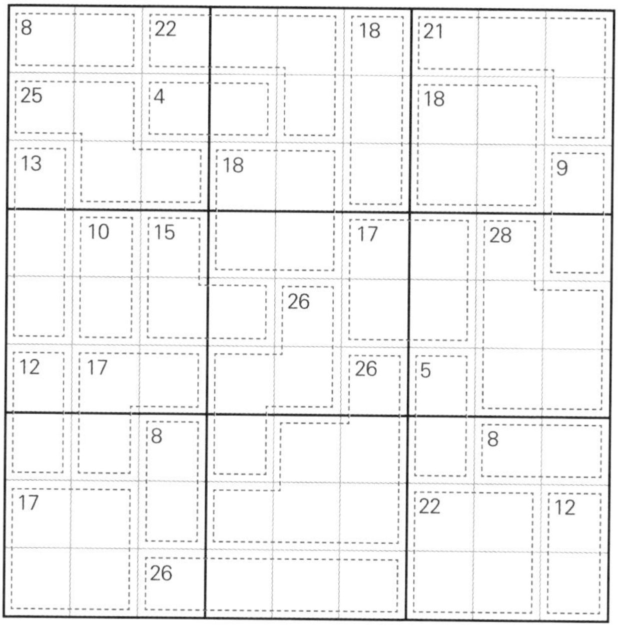

8		22			18	21		
25		4				18		
13			18				9	
	10	15			17		28	
			26					
12	17				26	5		
		8				8		
17						22		12
		26						

解题时间〔　　　〕

#634

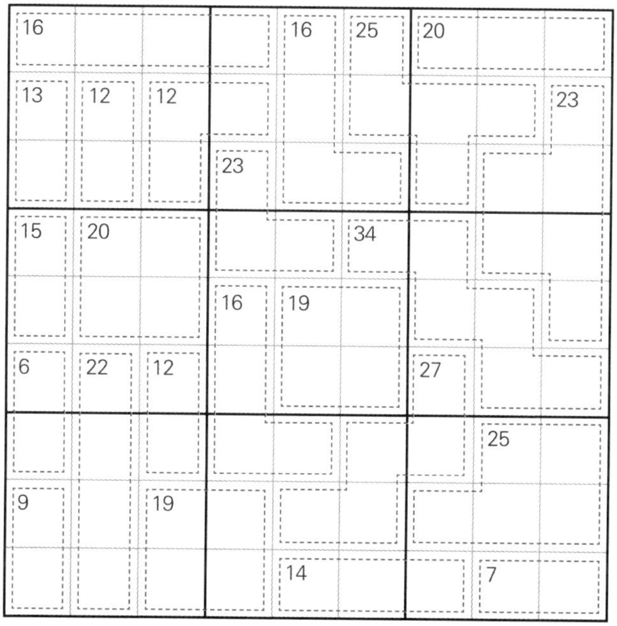

16				16	25	20		
13	12	12						23
			23					
15	20				34			
			16	19				
6	22	12				27		
							25	
9		19						
				14		7		

解题时间〔　　　〕

187

#635

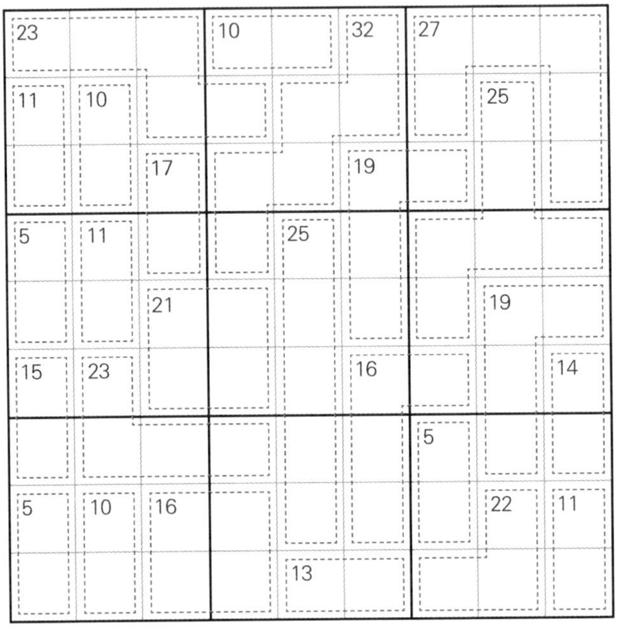

23			10		32	27		
11	10						25	
		17			19			
5	11		25					
		21				19		
15	23			16			14	
					5			
5	10	16				22	11	
			13					

解题时间 [   ]

#636

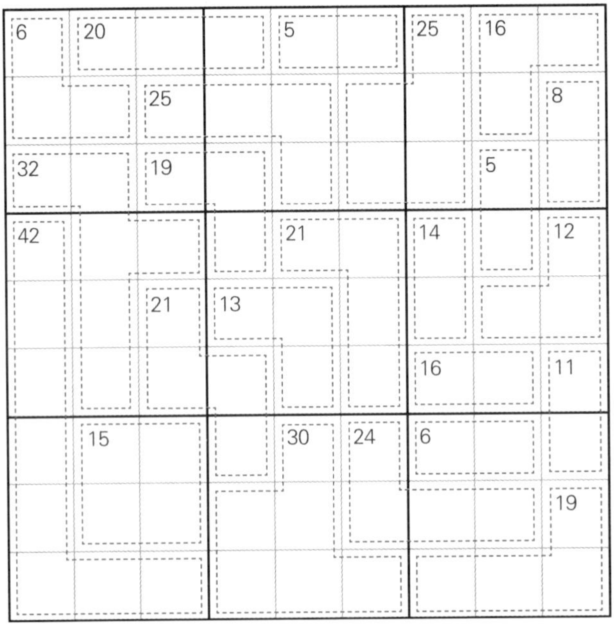

6	20		5		25	16		
	25						8	
32		19			5			
42			21	14		12		
	21	13						
				16		11		
	15		30	24	6			
						19		

解题时间 [   ]

#637

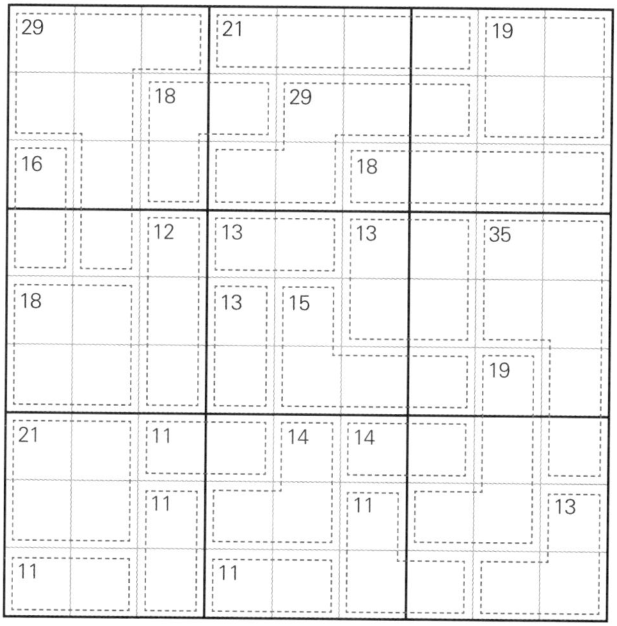

29			21				19	
	18			29				
16					18			
		12	13		13		35	
18			13	15				
							19	
21		11		14	14			
		11			11			13
11			11					

解题时间 [   ]

#638

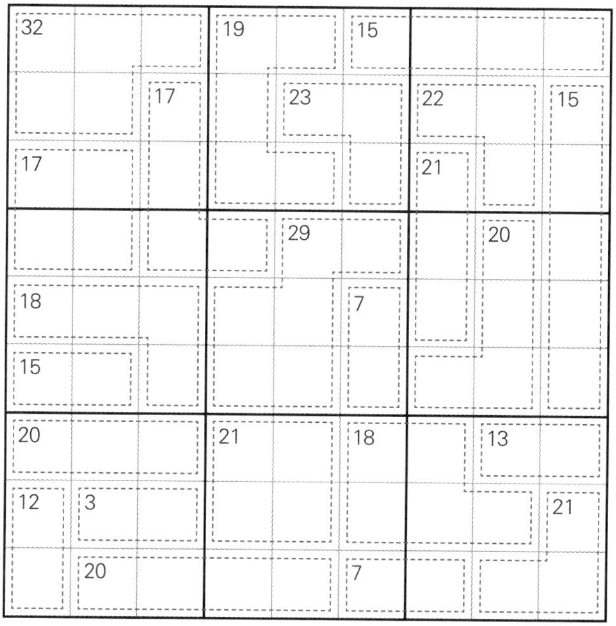

32			19		15			
	17			23		22		15
17						21		
				29			20	
18				7				
15								
20			21		18		13	
12		3						21
	20				7			

解题时间 [   ]

189

#639

解题时间[ ]

#640

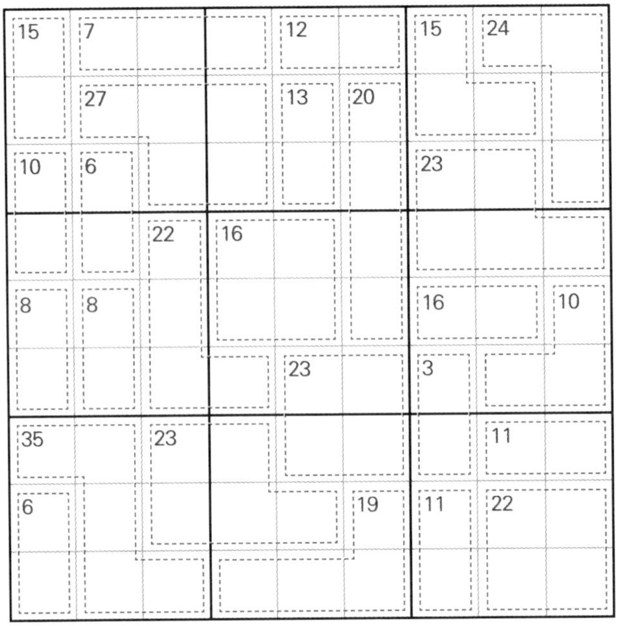

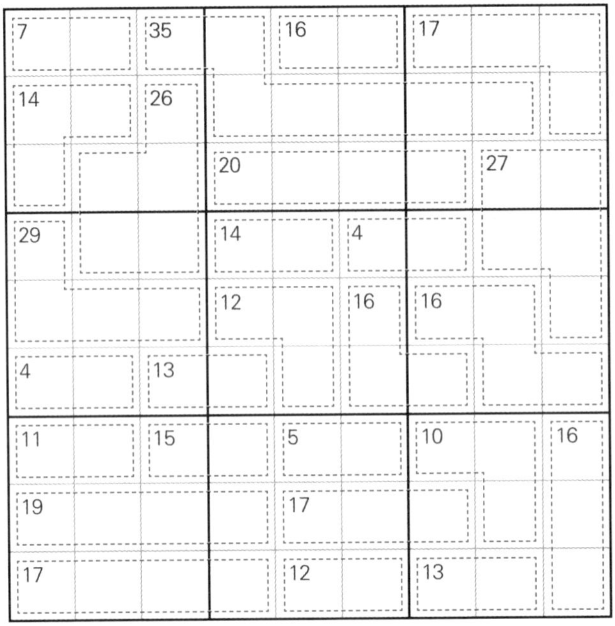

解题时间[ ]

#641

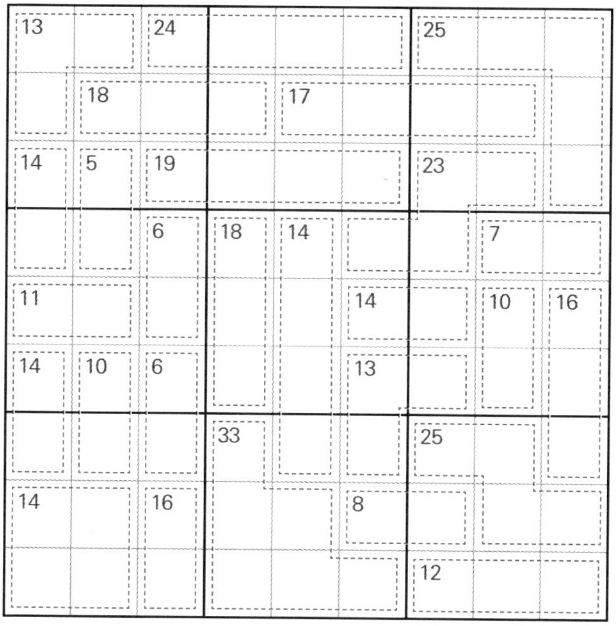

13		24				25		
	18			17				
14	5	19				23		
		6	18	14			7	
11					14		10	16
14	10	6		13				
			33			25		
14		16			8			
						12		

解题时间 [ ]

#642

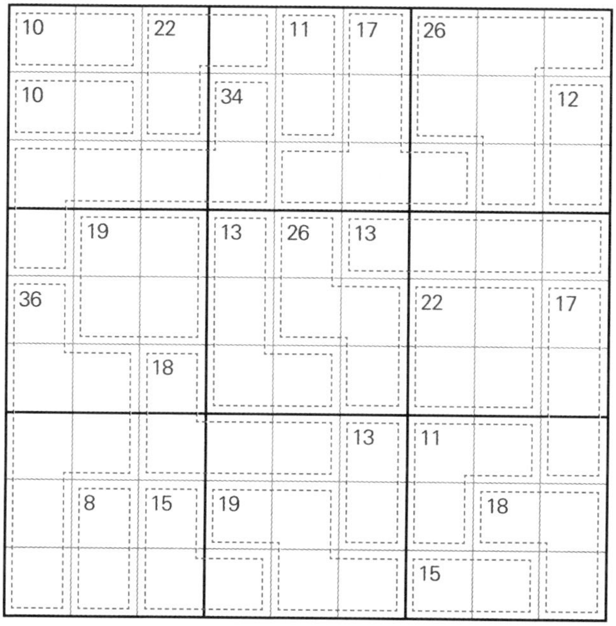

10		22		11	17	26		
10			34					12
	19		13	26	13			
36						22		17
		18						
					13	11		
	8	15	19				18	
					15			

解题时间 [ ]

191

从零开始玩数独

#643

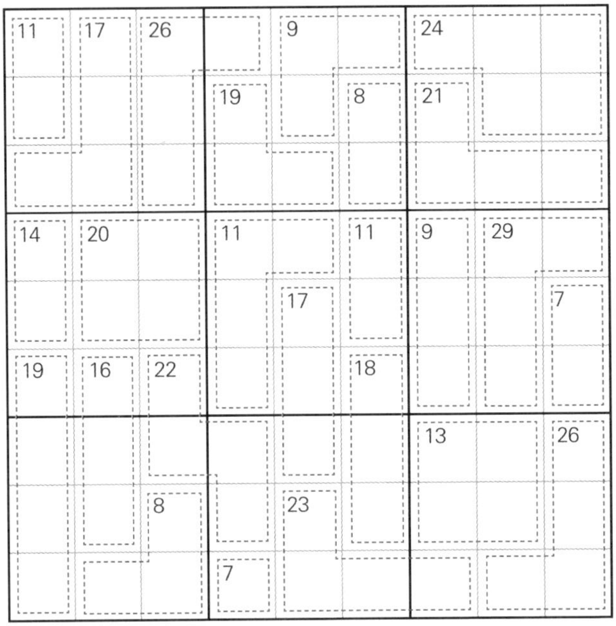

11	17	26		9		24		
			19		8	21		
14	20		11		11	9	29	
				17				7
19	16	22			18			
						13		26
	8		23					
	7							

解题时间 [   ]

#644

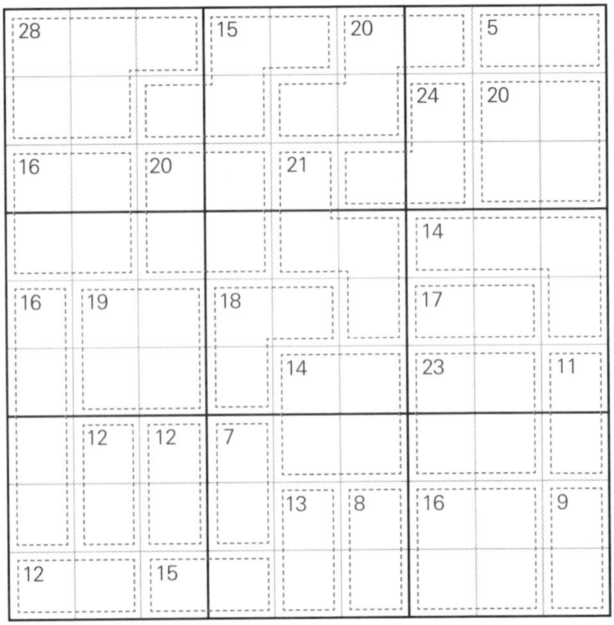

28			15		20			5
						24	20	
16		20		21				
						14		
16	19		18			17		
				14		23		11
	12	12	7					
				13	8	16		9
12		15						

解题时间 [   ]

192

#645

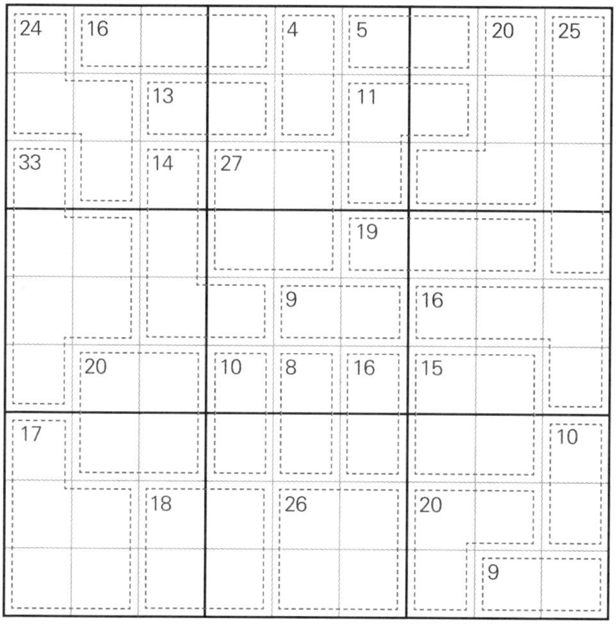

24 16 4 5 20 25
13 11
33 14 27
19
9 16
20 10 8 16 15
17 10
18 26 20
9

解题时间 [ ]

#646

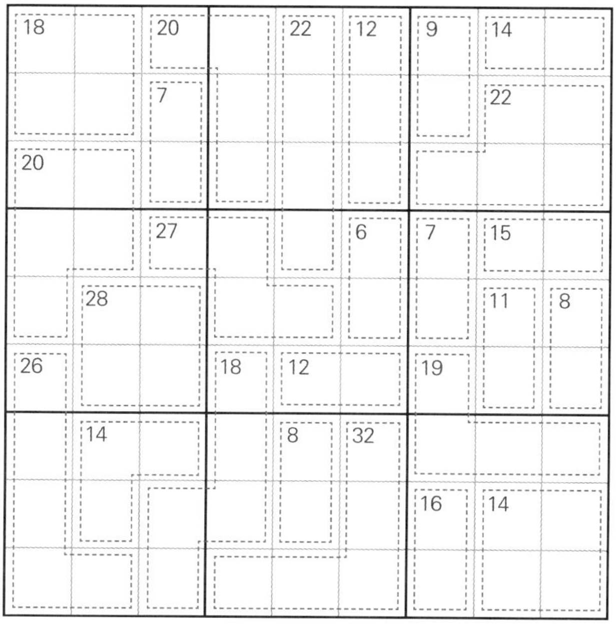

18 20 22 12 9 14
7 22
20
27 6 7 15
28 11 8
26 18 12 19
14 8 32
16 14

解题时间 [ ]

#647

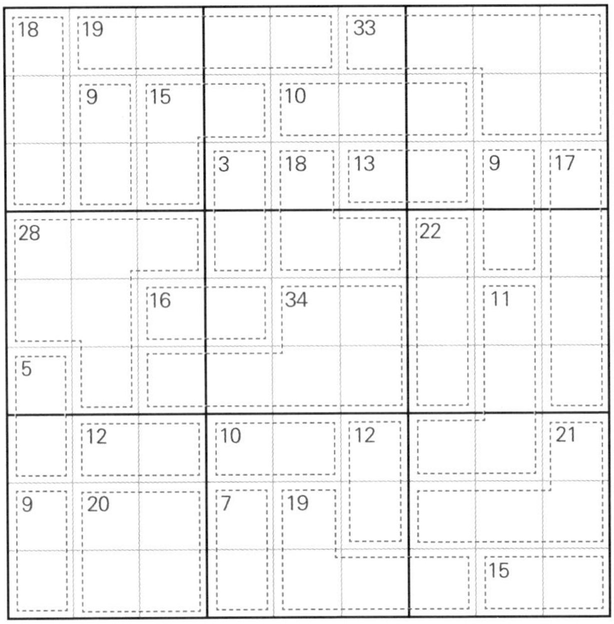

18	19			33			
	9	15		10			
		3	18	13		9	17
28					22		
	16		34			11	
5							
	12	10		12		21	
9	20	7	19				
						15	

解题时间 [   ]

#648

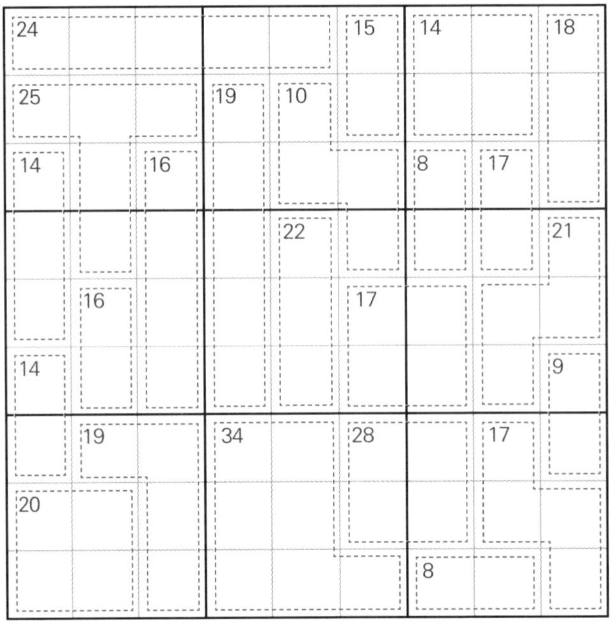

24			15	14		18
25	19	10				
14	16		8	17		
		22			21	
16		17				
14				9		
19	34	28	17			
20						
		8				

解题时间 [   ]

#649

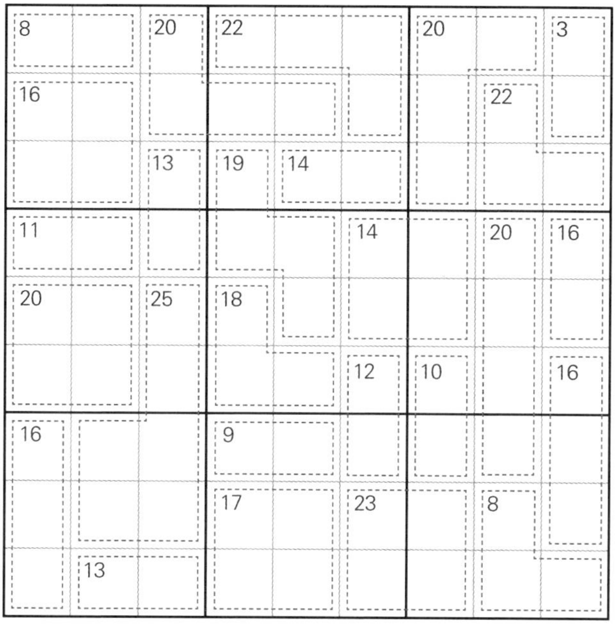

8		20	22			20		3
16							22	
		13	19	14				
11				14		20	16	
20		25	18					
				12	10		16	
16		9						
		17		23		8		
	13							

解题时间 [　　]

#650

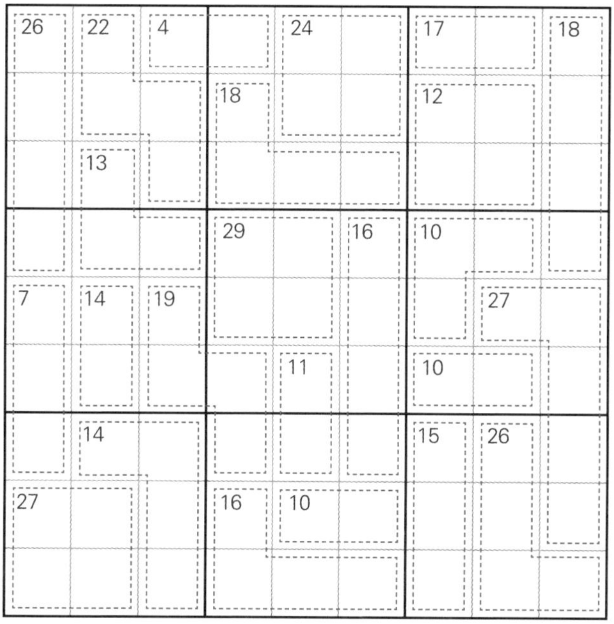

26	22	4		24		17		18
			18			12		
	13							
		29	16	10				
7	14	19			27			
		11	10					
14				15	26			
27		16	10					

解题时间 [　　]

附录 参考答案

习题一参考答案

#101

2	1	3
3	2	1
1	3	2

#102

2	1	3
3	2	1
1	3	2

#103

1	3	2
3	2	1
2	1	3

#104

1	3	2
3	2	1
2	1	3

#105

1	4	3	2
2	3	4	1
4	2	1	3
3	1	2	4

#106

2	1	4	3
1	2	3	4
3	4	2	1
4	3	1	2

#107

2	1	4	3
1	2	3	4
3	4	2	1
4	3	1	2

#108

1	4	3	2
2	3	4	1
4	2	1	3
3	1	2	4

#109

4	2	1	3
3	1	2	4
1	4	3	2
2	3	4	1

#110

3	4	1	2
2	1	3	4
1	2	4	3
4	3	2	1

#111

2	4	1	3
3	1	2	4
4	2	3	1
1	3	4	2

#112

2	4	3	1
3	2	1	4
1	3	4	2
4	1	2	3

习题二参考答案

#201

3	4	2	1
2	1	3	4
1	3	4	2
4	2	1	3

#202

3	2	4	1
2	1	3	4
1	4	2	3
4	3	1	2

#203

1	3	2	4
4	2	1	3
3	1	4	2
2	4	3	1

#204

2	1	4	3
3	2	1	4
4	3	2	1
1	4	3	2

#205

1	3	4	2
4	2	3	1
3	1	2	4
2	4	1	3

#206

2	3	4	1
3	4	1	2
1	2	3	4
4	1	2	3

#207

2	3	1	4
3	4	2	1
1	2	4	3
4	1	3	2

#208

4	3	1	2
1	4	2	3
2	1	3	4
3	2	4	1

#209

2	3	4	6	1	5
4	6	3	5	2	1
1	5	2	4	6	3
5	4	1	2	3	6
3	2	6	1	5	4
6	1	5	3	4	2

#210

1	5	3	2	6	4
3	4	6	5	2	1
6	3	5	1	4	2
4	1	2	6	5	3
2	6	1	4	3	5
5	2	4	3	1	6

#211

1	2	5	3	6	4
5	3	1	2	4	6
2	4	6	1	3	5
3	6	4	5	2	1
6	5	3	4	1	2
4	1	2	6	5	3

#212

4	3	2	6	5	1
5	4	1	3	2	6
1	6	4	2	3	5
6	2	5	4	1	3
2	1	3	5	6	4
3	5	6	1	4	2

#213

2	1	4	3	6	5
1	6	5	4	3	2
3	4	2	1	5	6
6	2	3	5	1	4
4	5	1	6	2	3
5	3	6	2	4	1

#214

4	2	1	3	5	6
5	1	6	4	3	2
6	4	5	2	1	3
2	6	3	5	4	1
3	5	2	1	6	4
1	3	4	6	2	5

#215

1	2	6	5	3	4
2	3	1	6	4	5
5	6	4	3	1	2
6	1	5	4	2	3
3	4	2	1	5	6
4	5	3	2	6	1

#216

4	6	2	1	5	3
2	4	6	5	3	1
1	3	5	4	2	6
6	2	4	3	1	5
3	5	1	6	4	2
5	1	3	2	6	4

习题三参考答案

#301

4	1	2	3
3	2	1	4
1	4	3	2
2	3	4	1

#302

2	1	3	4
4	3	1	2
1	2	4	3
3	4	2	1

#303

3	2	4	1
1	4	2	3
2	3	1	4
4	1	3	2

#304

1	3	2	4
4	2	3	1
3	1	4	2
2	4	1	3

#305

1	4	3	2
3	2	1	4
4	3	2	1
2	1	4	3

#306

4	3	1	2
2	1	3	4
1	4	2	3
3	2	4	1

#307

4	2	3	1
1	3	4	2
2	4	1	3
3	1	2	4

#308

4	3	2	1
1	2	3	4
2	4	1	3
3	1	4	2

#309

1	3	2	4
2	4	3	1
4	2	1	3
3	1	4	2

#310

1	3	2	4
4	2	3	1
3	1	4	2
2	4	1	3

#311

6	4	2	3	5	1
3	5	1	2	4	6
4	3	5	6	1	2
2	1	6	4	3	5
5	6	3	1	2	4
1	2	4	5	6	3

#312

4	3	5	2	6	1
1	2	6	5	4	3
3	5	2	4	1	6
6	4	1	3	5	2
2	6	4	1	3	5
5	1	3	6	2	4

#313

4	2	6	5	1	3
5	1	3	4	2	6
3	4	2	1	6	5
6	5	1	3	4	2
1	6	5	2	3	4
2	3	4	6	5	1

#314

5	4	1	3	6	2
3	2	6	1	4	5
6	1	5	4	2	3
2	3	4	6	5	1
1	6	2	5	3	4
4	5	3	2	1	6

#315

2	5	6	4	3	1
3	4	1	2	6	5
1	2	3	5	4	6
5	6	4	1	2	3
4	3	5	6	1	2
6	1	2	3	5	4

#316

3	6	1	4	2	5
4	2	5	1	3	6
1	4	6	3	5	2
5	3	2	6	4	1
6	5	3	2	1	4
2	1	4	5	6	3

#317

2	6	5	1	3	4
4	3	1	2	5	6
5	1	6	4	2	3
3	2	4	6	1	5
1	4	3	5	6	2
6	5	2	3	4	1

#318

4	5	3	1	6	2
1	6	2	4	5	3
6	1	4	2	3	5
3	2	5	6	1	4
5	4	6	3	2	1
2	3	1	5	4	6

#319

4	1	5	6	3	2
3	6	2	4	5	1
2	5	4	3	1	6
1	3	5	2	4	5
5	2	3	1	6	4
6	4	1	5	2	3

#320

6	5	3	4	1	2
2	1	4	5	3	6
5	6	2	3	4	1
4	3	1	2	6	5
3	2	6	1	5	4
1	4	5	6	2	3

#321

6	3	1	2	4	5
2	4	5	1	3	6
5	1	2	3	6	4
4	6	3	5	2	1
1	2	4	6	5	3
3	5	6	4	1	2

#322

2	6	1	4	5	3
4	3	5	6	2	1
5	1	4	2	3	6
3	2	6	5	1	4
6	5	3	1	4	2
1	4	2	3	6	5

#323

6	4	2	3	1	5
1	5	3	4	2	6
5	2	6	1	3	4
4	3	1	5	6	2
3	6	4	2	5	1
2	1	5	6	4	3

#324

2	3	4	1	6	5
5	6	1	4	3	2
3	1	5	6	2	4
6	4	2	3	5	1
4	2	6	5	1	3
1	5	3	2	4	6

#325

1	6	2	5	3	4
5	4	3	1	2	6
2	5	6	4	1	3
3	1	4	6	5	2
4	3	1	2	6	5
6	2	5	3	4	1

#326

3	5	4	2	1	6
6	2	1	3	4	5
1	4	2	5	6	3
5	6	3	4	2	1
4	3	6	1	5	2
2	1	5	6	3	4

#327

3	6	2	1	5	4
1	5	4	2	6	3
5	2	3	4	1	6
6	4	1	5	3	2
4	1	6	3	2	5
2	3	5	6	4	1

#328

4	5	2	1	6	3
1	3	6	2	4	5
6	4	5	3	1	2
2	1	3	4	5	6
5	2	4	6	3	1
3	6	1	5	2	4

#329

2	3	4	5	6	1
5	6	1	3	2	4
4	1	5	2	3	6
6	2	3	1	4	5
1	4	2	6	5	3
3	5	6	4	1	2

#330

6	5	1	3	2	4
4	3	2	1	5	6
1	6	4	5	3	2
3	2	5	4	6	1
5	1	6	2	4	3
2	4	3	6	1	5

习题四参考答案

#401

^{8}4	3	^{3}2	1
1	^{5}2	3	^{4}4
^{10}3	1	^{6}4	2
2	4	^{4}1	3

#402

^{6}1	^{7}4	3	^{6}2
2	^{8}3	1	4
3	^{7}2	4	^{6}1
4	1	2	3

#403

^{4}3	^{3}2	1	^{7}4
1	^{10}4	2	3
^{6}4	1	3	^{10}2
2	3	4	1

#404

^{10}1	^{9}3	4	2
4	^{3}2	1	^{7}3
2	^{4}1	3	4
3	^{4}4	^{3}2	1

#405

[5] 2	[5] 4	[4] 3	1
3	1	[5] 4	[9] 2
[7] 4	2	1	3
1	[5] 3	2	4

#406

[8] 1	3	[7] 2	4
[10] 2	4	1	[4] 3
3	[6] 2	4	1
4	1	[5] 3	2

#407

[4] 3	[7] 4	1	[2] 2
1	2	[7] 3	[5] 4
[10] 2	3	4	1
4	1	[5] 2	3

#408

[9] 4	3	[3] 2	1
2	[5] 1	4	[9] 3
[4] 3	[3] 2	1	4
1	[7] 4	3	2

#409

[5] 4	1	[9] 3	2
[6] 2	[10] 3	1	4
3	4	[3] 2	1
1	2	[7] 4	3

#410

[4] 1	[6] 2	4	[6] 3
3	[5] 4	1	2
[7] 4	[5] 3	2	1
2	1	[7] 3	4

#411

[10] 4	[9] 2	[4] 1	3
1	3	4	[3] 2
2	[7] 4	3	1
3	[7] 1	2	4

#412

[5] 3	[8] 1	[6] 2	4
2	4	3	[10] 1
[7] 4	[4] 3	1	2
1	2	4	3

#413

[6] 2	1	3	[10] 4
[9] 3	4	[6] 2	1
[5] 1	2	4	3
4	[4] 3	1	2

#414

[7] 4	[5] 3	2	[4] 1
2	1	4	3
[5] 1	4	3	[6] 2
[3] 3	[10] 2	1	4

#415

[10] 4	2	3	1
[4] 3	1	[9] 2	4
[3] 2	[7] 4	[5] 1	3
1	3	4	[2] 2

#416

[9] 2	[5] 1	4	[6] 3
4	3	2	1
[3] 3	[8] 4	1	[6] 2
[3] 1	2	3	4

#417

[10] 4	6	[6] 5	[5] 2	3	[1] 1
[5] 3	2	1	[7] 6	[15] 5	[7] 4
[7] 6	[8] 5	[6] 2	1	4	3
1	3	4	[5] 5	6	[8] 2
[7] 5	[5] 1	[9] 3	[7] 4	[8] 2	6
2	4	6	3	1	5

#418

[6] 5	[5] 2	[10] 4	[10] 3	[7] 6	1
1	3	6	5	2	[10] 4
[3] 2	1	[8] 5	[7] 4	3	6
[6] 6	[10] 4	3	[3] 2	1	[5] 5
[7] 4	6	[3] 2	1	[15] 5	[5] 3
3	[6] 5	1	6	4	2

#419

[9] 5	4	[9] 2	[8] 6	[6] 1	[7] 3
[10] 6	[4] 3	1	2	5	4
4	1	6	[5] 3	2	[6] 5
[3] 3	[7] 2	[8] 5	[10] 4	6	1
[3] 2	5	3	[6] 1	[7] 4	[8] 6
1	[10] 6	4	5	3	2

#420

[6]5	1	[5]3	2	[10]4	6
[7]4	[8]2	6	[9]5	[4]1	3
1	[11]6	5	4	[5]3	2
2	[7]3	[6]4	[4]1	[6]6	[6]5
[9]6	4	2	3	[7]5	1
3	[12]5	1	6	2	[4]4

#421

[2]2	[9]6	3	[11]5	[6]1	[7]4
[7]1	[5]5	[6]4	6	2	3
6	[7]4	2	[5]1	3	[7]5
[5]5	3	[10]1	4	[11]6	2
[7]4	[8]2	6	3	5	[7]1
3	1	5	[6]2	4	6

#422

[8]3	4	1	[9]5	[8]2	6
[7]2	5	[10]6	1	[5]4	[3]3
[6]6	[5]2	4	3	1	[7]5
[5]1	3	[11]5	4	[6]6	2
4	[9]6	3	2	[8]5	[5]1
[6]5	1	[8]2	6	3	4

#423

[10]6	4	[9]5	[5]2	3	[7]1
[5]2	3	1	[5]4	[11]5	6
3	[11]5	[6]4	1	6	[7]2
[6]1	6	2	[7]3	4	5
5	[3]2	[9]3	6	[5]1	4
[4]4	1	[11]6	5	[5]2	3

#424

[8]5	3	[7]1	6	[7]2	[5]4
[7]4	[11]6	[5]2	3	5	1
3	5	[10]4	[7]2	[5]1	[9]6
[7]1	[2]2	6	5	4	3
6	[12]4	5	[5]1	[9]3	[7]2
[3]2	1	3	4	6	5

#425

[5]5	[4]3	1	[6]4	2	[7]6
[8]2	[11]4	6	[8]5	3	1
6	1	[9]4	[9]3	[6]5	[6]2
[5]3	2	5	6	1	4
[9]4	5	[5]2	[3]1	[10]6	[8]3
[7]1	6	3	2	4	5

#426

[11]6	[15]3	2	5	[3]1	4
5	1	4	[5]3	2	6
[10]1	4	[15]6	2	[18]3	5
3	2	5	[16]4	[7]6	1
[17]2	5	1	6	[9]4	3
4	6	3	1	5	2

#427

[12]4	5	[4]3	1	[16]6	2
1	2	[7]6	[10]4	5	3
[21]5	[9]3	1	6	[15]2	[9]4
2	6	4	3	1	5
6	4	[7]2	5	[4]3	1
3	1	5	[12]2	4	6

#428

[4]3	1	[9]4	5	[12]6	[9]2
[17]6	5	2	4	1	3
[7]1	2	[10]6	3	5	4
4	[19]3	5	1	[21]2	6
[7]5	6	[11]3	2	4	1
2	4	1	6	3	5

#429

(10) 6	1	(12) 4	3	(21) 2	5
(13) 2	3	5	(7) 4	6	1
5	6	(15) 3	2	1	4
(10) 4	2	1	6	5	3
3	(12) 5	2	1	(18) 4	(8) 6
1	4	6	5	3	2

#430

(16) 6	5	(3) 1	2	(12) 3	4
2	(14) 3	4	1	5	(11) 6
3	6	(12) 2	(16) 4	1	5
(9) 4	1	5	3	6	2
5	4	(9) 3	(17) 6	2	(4) 1
(3) 1	2	6	5	4	3

习题五参考答案

#501

1	6	4	2	7	8	5	9	3
8	5	9	1	6	3	4	7	2
7	2	3	5	4	9	1	8	6
3	7	2	4	9	6	8	1	5
4	9	5	3	8	1	2	6	7
6	1	8	7	2	5	9	3	4
2	4	1	9	3	7	6	5	8
9	3	6	8	5	4	7	2	1
5	8	7	6	1	2	3	4	9

#502

3	6	7	8	2	1	4	5	9
1	5	4	6	3	9	8	7	2
9	8	2	5	7	4	1	3	6
4	2	9	1	5	3	7	6	8
8	3	5	7	4	6	2	9	1
7	1	6	9	8	2	3	4	5
6	4	1	2	9	7	5	8	3
5	9	3	4	1	8	6	2	7
2	7	8	3	6	5	9	1	4

#503

5	4	9	3	1	6	8	2	7
6	7	8	9	5	2	3	1	4
2	3	1	8	4	7	6	5	9
9	5	7	2	3	8	1	4	6
4	8	6	1	9	5	7	3	2
3	1	2	6	7	4	5	9	8
8	6	3	5	2	9	4	7	1
1	2	4	7	8	3	9	6	5
7	9	5	4	6	1	2	8	3

#504

8	9	6	1	3	7	2	4	5
4	3	5	8	9	2	6	7	1
1	7	2	4	6	5	8	9	3
9	1	4	3	2	8	5	6	7
5	6	8	9	7	4	1	3	2
7	2	3	5	1	6	9	8	4
2	8	9	7	4	1	3	5	6
3	4	1	6	5	9	7	2	8
6	5	7	2	8	3	4	1	9

#505

1	2	8	6	7	9	4	3	5
4	9	3	1	5	8	2	7	6
7	5	6	4	2	3	1	9	8
2	3	9	7	1	5	8	6	4
6	1	4	9	8	2	7	5	3
5	8	7	3	6	4	9	2	1
8	7	5	2	4	6	3	1	9
3	4	1	5	9	7	6	8	2
9	6	2	8	3	1	5	4	7

#506

8	1	4	2	5	7	3	6	9
5	2	9	6	1	3	7	8	4
3	6	7	4	9	8	1	2	5
1	8	6	3	4	9	5	7	2
9	3	2	5	7	1	6	4	8
4	7	5	8	6	2	9	3	1
7	9	3	1	2	4	8	5	6
6	4	8	9	3	5	2	1	7
2	5	1	7	8	6	4	9	3

#507

5	9	8	4	2	3	6	7	1
4	6	2	1	9	7	5	8	3
7	3	1	6	5	8	4	9	2
3	8	5	9	6	2	7	1	4
6	2	7	3	1	4	9	5	8
9	1	4	7	8	5	2	3	6
1	4	6	5	3	9	8	2	7
8	7	9	2	4	1	3	6	5
2	5	3	8	7	6	1	4	9

#508

8	6	3	2	7	9	5	4	1
9	7	5	6	4	1	3	2	8
4	2	1	8	3	5	7	6	9
6	1	8	3	5	4	9	7	2
2	5	7	9	1	6	8	3	4
3	9	4	7	8	2	1	5	6
7	4	6	1	9	3	2	8	5
1	3	2	5	6	8	4	9	7
5	8	9	4	2	7	6	1	3

#509

4	7	3	8	2	9	6	1	5
2	9	5	4	1	6	3	8	7
8	6	1	3	5	7	9	4	2
3	4	2	6	7	8	1	5	9
9	1	6	2	4	5	7	3	8
5	8	7	9	3	1	2	6	4
6	3	4	5	9	2	8	7	1
1	2	8	7	6	4	5	9	3
7	5	9	1	8	3	4	2	6

#510

2	6	7	5	8	3	1	4	9
4	9	8	1	7	6	2	5	3
5	3	1	9	4	2	8	7	6
3	4	6	7	1	8	5	9	2
7	5	2	3	9	4	6	8	1
8	1	9	6	2	5	7	3	4
6	2	4	8	3	7	9	1	5
9	8	3	2	5	1	4	6	7
1	7	5	4	6	9	3	2	8

#511

3	5	6	1	9	8	2	7	4
1	4	7	5	2	3	6	8	9
2	9	8	6	7	4	3	1	5
7	8	5	9	6	2	4	3	1
4	3	1	7	8	5	9	6	2
6	2	9	3	4	1	7	5	8
8	7	3	2	5	9	1	4	6
5	1	2	4	3	6	8	9	7
9	6	4	8	1	7	5	2	3

#512

7	5	3	6	8	1	4	9	2
4	8	2	7	9	3	6	5	1
6	1	9	2	4	5	8	3	7
2	9	4	8	7	6	5	1	3
5	7	1	3	2	4	9	8	6
8	3	6	5	1	9	7	2	4
9	6	5	1	3	7	2	4	8
1	2	7	4	5	8	3	6	9
3	4	8	9	6	2	1	7	5

#513

9	5	8	7	4	1	6	2	3
7	1	2	3	6	5	9	4	8
6	4	3	2	8	9	7	5	1
2	7	9	6	1	8	5	3	4
1	3	5	9	2	4	8	6	7
8	6	4	5	3	7	1	9	2
3	8	1	4	5	6	2	7	9
4	9	6	8	7	2	3	1	5
5	2	7	1	9	3	4	8	6

#514

2	3	5	8	9	6	1	7	4
4	9	8	7	1	5	6	2	3
7	1	6	4	3	2	9	5	8
9	6	1	2	5	4	8	3	7
5	4	7	1	8	3	2	6	9
8	2	3	9	6	7	5	4	1
6	5	9	3	4	8	7	1	2
3	8	2	6	7	1	4	9	5
1	7	4	5	2	9	3	8	6

#515

5	4	3	1	8	7	9	6	2
2	6	7	3	4	9	5	1	8
9	8	1	2	5	6	7	3	4
4	9	6	8	2	5	3	7	1
7	2	5	9	1	3	8	4	6
3	1	8	6	7	4	2	5	9
1	7	9	4	3	2	6	8	5
6	3	4	5	9	8	1	2	7
8	5	2	7	6	1	4	9	3

#516

```
6 4 1 | 9 2 3 | 7 8 5
3 2 5 | 1 8 7 | 6 9 4
8 9 7 | 6 5 4 | 2 3 1
------+-------+------
2 7 4 | 3 9 5 | 1 6 8
1 3 8 | 7 4 6 | 9 5 2
9 5 6 | 2 1 8 | 4 7 3
------+-------+------
7 1 9 | 5 3 2 | 8 4 6
5 8 2 | 4 6 9 | 3 1 7
4 6 3 | 8 7 1 | 5 2 9
```

#517

```
1 5 3 | 7 4 9 | 2 8 6
7 9 4 | 2 6 8 | 1 3 5
6 8 2 | 5 1 3 | 4 7 9
------+-------+------
3 6 8 | 9 2 5 | 7 4 1
4 2 5 | 1 7 6 | 8 9 3
9 1 7 | 8 3 4 | 6 5 2
------+-------+------
5 3 6 | 4 8 1 | 9 2 7
2 4 9 | 6 5 7 | 3 1 8
8 7 1 | 3 9 2 | 5 6 4
```

#518

```
8 6 7 | 1 2 9 | 4 5 3
2 4 9 | 7 5 3 | 6 8 1
1 5 3 | 8 6 4 | 7 2 9
------+-------+------
3 7 4 | 9 8 2 | 5 1 6
5 9 8 | 6 1 7 | 3 4 2
6 2 1 | 3 4 5 | 9 7 8
------+-------+------
9 3 5 | 2 7 1 | 8 6 4
7 8 2 | 4 9 6 | 1 3 5
4 1 6 | 5 3 8 | 2 9 7
```

#519

```
1 6 9 | 7 2 8 | 4 3 5
2 8 4 | 5 3 9 | 7 1 6
5 7 3 | 6 1 4 | 8 2 9
------+-------+------
9 4 5 | 1 8 2 | 3 6 7
8 1 6 | 9 7 3 | 5 4 2
3 2 7 | 4 5 6 | 1 9 8
------+-------+------
6 3 8 | 2 4 7 | 9 5 1
7 5 2 | 3 9 1 | 6 8 4
4 9 1 | 8 6 5 | 2 7 3
```

#520

```
2 3 8 | 7 6 5 | 9 1 4
6 9 5 | 1 4 2 | 3 8 7
4 1 7 | 9 8 3 | 5 6 2
------+-------+------
5 6 3 | 4 1 9 | 7 2 8
8 2 4 | 3 7 6 | 1 5 9
1 7 9 | 5 2 8 | 4 3 6
------+-------+------
9 4 2 | 6 5 1 | 8 7 3
7 5 6 | 8 3 4 | 2 9 1
3 8 1 | 2 9 7 | 6 4 5
```

#521

```
5 6 9 | 7 4 8 | 1 2 3
7 2 3 | 6 9 1 | 5 4 8
1 4 8 | 3 2 5 | 6 7 9
------+-------+------
6 7 1 | 8 3 4 | 2 9 5
9 8 4 | 2 5 6 | 7 3 1
2 3 5 | 1 7 9 | 8 6 4
------+-------+------
4 1 6 | 9 8 7 | 3 5 2
8 5 2 | 4 6 3 | 9 1 7
3 9 7 | 5 1 2 | 4 8 6
```

#522

```
2 9 6 | 1 3 8 | 5 4 7
4 1 7 | 9 6 5 | 2 8 3
5 3 8 | 7 4 2 | 9 6 1
------+-------+------
1 4 2 | 8 5 6 | 7 3 9
8 7 5 | 2 9 3 | 6 1 4
3 6 9 | 4 1 7 | 8 2 5
------+-------+------
6 5 1 | 3 2 9 | 4 7 8
9 8 4 | 6 7 1 | 3 5 2
7 2 3 | 5 8 4 | 1 9 6
```

#523

```
8 2 4 | 3 7 1 | 5 6 9
6 7 1 | 9 2 5 | 8 4 3
3 9 5 | 8 4 6 | 1 2 7
------+-------+------
7 1 2 | 6 3 8 | 4 9 5
4 3 6 | 7 5 9 | 2 8 1
5 8 9 | 4 1 2 | 3 7 6
------+-------+------
9 6 3 | 5 8 4 | 7 1 2
1 5 8 | 2 6 7 | 9 3 4
2 4 7 | 1 9 3 | 6 5 8
```

#524

```
7 4 8 | 9 2 1 | 6 5 3
5 9 3 | 6 4 7 | 2 1 8
2 1 6 | 8 3 5 | 4 9 7
------+-------+------
9 6 7 | 1 5 8 | 3 2 4
3 8 4 | 2 6 9 | 1 7 5
1 5 2 | 3 7 4 | 9 8 6
------+-------+------
4 2 1 | 5 8 6 | 7 3 9
6 3 5 | 7 9 2 | 8 4 1
8 7 9 | 4 1 3 | 5 6 2
```

#525

7	9	2	4	5	6	8	1	3
6	5	1	2	3	8	4	9	7
3	4	8	1	7	9	5	6	2
1	8	6	7	2	3	9	4	5
4	2	7	9	6	5	3	8	1
5	3	9	8	1	4	2	7	6
2	6	4	5	8	1	7	3	9
9	1	5	3	4	7	6	2	8
8	7	3	6	9	2	1	5	4

#526

6	1	8	7	3	4	9	5	2
7	4	9	2	5	8	3	1	6
3	2	5	9	6	1	7	8	4
8	6	1	4	7	3	2	9	5
2	5	4	1	8	9	6	3	7
9	7	3	6	2	5	1	4	8
5	8	6	3	9	7	4	2	1
1	9	2	5	4	6	8	7	3
4	3	7	8	1	2	5	6	9

#527

2	8	9	5	4	7	6	1	3
4	7	1	6	3	2	5	8	9
5	6	3	1	9	8	7	4	2
1	4	2	8	6	3	9	5	7
3	5	7	4	2	9	8	6	1
8	9	6	7	5	1	3	2	4
7	1	5	3	8	4	2	9	6
6	2	4	9	7	5	1	3	8
9	3	8	2	1	6	4	7	5

#528

4	3	1	8	2	6	9	5	7
6	5	8	9	7	3	2	1	4
2	9	7	1	4	5	6	3	8
5	2	6	4	3	9	7	8	1
7	4	9	6	1	8	5	2	3
8	1	3	2	5	7	4	9	6
3	6	2	5	8	4	1	7	9
1	7	4	3	9	2	8	6	5
9	8	5	7	6	1	3	4	2

#529

4	6	3	7	8	2	9	1	5
5	1	2	4	3	9	7	6	8
7	9	8	1	6	5	2	3	4
1	4	7	3	9	6	8	5	2
6	8	9	2	5	1	3	4	7
2	3	5	8	4	7	6	9	1
3	7	1	6	2	4	5	8	9
9	2	6	5	1	8	4	7	3
8	5	4	9	7	3	1	2	6

#530

9	7	1	5	6	4	2	3	8
2	4	5	3	9	8	6	1	7
3	6	8	2	7	1	4	9	5
8	2	4	9	3	6	5	7	1
5	3	7	8	1	2	9	4	6
6	1	9	7	4	5	8	2	3
4	9	6	1	5	3	7	8	2
1	5	2	4	8	7	3	6	9
7	8	3	6	2	9	1	5	4

#531

9	4	8	2	1	7	5	6	3
1	5	3	9	4	6	2	8	7
7	2	6	3	5	8	1	9	4
4	1	9	8	3	2	7	5	6
2	8	7	5	6	9	3	4	1
3	6	5	4	7	1	8	2	9
6	3	2	1	9	5	4	7	8
8	7	4	6	2	3	9	1	5
5	9	1	7	8	4	6	3	2

#532

1	3	8	6	9	5	4	2	7
6	4	2	8	1	7	5	3	9
5	9	7	2	3	4	6	8	1
2	1	3	4	6	9	7	5	8
7	5	4	1	8	2	9	6	3
9	8	6	7	5	3	1	4	2
3	6	1	9	4	8	2	7	5
4	7	5	3	2	1	8	9	6
8	2	9	5	7	6	3	1	4

#533

1	9	4	7	2	3	5	6	8
3	6	7	8	4	5	1	2	9
2	8	5	1	9	6	4	7	3
4	1	8	6	3	2	7	9	5
7	5	9	4	8	1	2	3	6
6	3	2	9	5	7	8	1	4
9	7	6	5	1	8	3	4	2
5	4	3	2	7	9	6	8	1
8	2	1	3	6	4	9	5	7

#534

7	8	9	2	3	1	5	6	4
2	5	3	4	6	7	1	9	8
1	4	6	5	8	9	3	7	2
4	3	8	9	5	6	7	2	1
9	1	2	8	7	4	6	3	5
6	7	5	1	2	3	4	8	9
5	9	7	6	1	8	2	4	3
3	2	4	7	9	5	8	1	6
8	6	1	3	4	2	9	5	7

#535

5	7	2	8	3	4	9	6	1
9	1	6	5	2	7	3	8	4
3	4	8	9	6	1	2	7	5
2	6	9	1	4	8	7	5	3
1	8	5	6	7	3	4	2	9
4	3	7	2	5	9	6	1	8
6	9	3	7	8	5	1	4	2
8	2	1	4	9	6	5	3	7
7	5	4	3	1	2	8	9	6

#536

6	3	1	4	5	2	9	7	8
4	2	9	7	8	6	3	5	1
5	7	8	9	1	3	6	2	4
3	8	4	1	6	5	7	9	2
2	9	6	8	3	7	4	1	5
7	1	5	2	9	4	8	6	3
8	5	7	6	4	1	2	3	9
9	6	3	5	2	8	1	4	7
1	4	2	3	7	9	5	8	6

#537

4	2	7	5	8	9	6	3	1
6	5	9	1	3	2	8	7	4
3	8	1	6	7	4	2	9	5
9	1	5	2	6	7	4	8	3
7	6	4	8	5	3	1	2	9
8	3	2	9	4	1	7	5	6
2	9	3	4	1	8	5	6	7
1	7	6	3	2	5	9	4	8
5	4	8	7	9	6	3	1	2

#538

5	1	2	7	9	6	4	3	8
4	9	6	3	8	5	7	1	2
3	7	8	4	1	2	9	6	5
8	2	7	5	4	1	3	9	6
1	5	9	2	6	3	8	4	7
6	3	4	9	7	8	2	5	1
2	6	5	8	3	9	1	7	4
7	8	3	1	5	4	6	2	9
9	4	1	6	2	7	5	8	3

#539

5	3	7	4	2	6	1	9	8
1	2	4	9	8	5	3	6	7
9	8	6	7	1	3	5	2	4
4	6	9	1	3	2	7	8	5
3	7	5	8	4	9	6	1	2
8	1	2	5	6	7	9	4	3
7	5	1	2	9	4	8	3	6
2	9	3	6	5	8	4	7	1
6	4	8	3	7	1	2	5	9

#540

6	4	9	7	8	3	2	5	1
2	7	3	6	1	5	4	8	9
1	5	8	4	9	2	7	6	3
3	1	4	5	2	7	8	9	6
7	8	2	1	6	9	5	3	4
9	6	5	8	3	4	1	2	7
8	3	1	2	7	6	9	4	5
4	2	6	9	5	1	3	7	8
5	9	7	3	4	8	6	1	2

#541

3	8	2	6	9	4	5	7	1
9	5	6	3	7	1	8	4	2
7	4	1	8	2	5	3	9	6
6	3	9	5	4	2	1	8	7
1	2	4	7	8	9	6	3	5
8	7	5	1	3	6	9	2	4
5	9	8	4	6	7	2	1	3
2	1	7	9	5	3	4	6	8
4	6	3	2	1	8	7	5	9

#542

6	4	5	3	1	9	8	2	7
9	7	3	8	2	4	1	6	5
8	2	1	7	6	5	4	9	3
1	6	8	9	5	7	2	3	4
2	3	4	6	8	1	5	7	9
5	9	7	2	4	3	6	8	1
3	5	6	1	7	2	9	4	8
7	1	2	4	9	8	3	5	6
4	8	9	5	3	6	7	1	2

#543

8	5	4	3	7	2	9	6	1
2	1	7	5	6	9	8	4	3
6	9	3	4	8	1	5	2	7
9	8	2	6	3	4	1	7	5
4	7	1	9	5	8	6	3	2
5	3	6	1	2	7	4	8	9
1	6	5	7	4	3	2	9	8
3	4	8	2	9	5	7	1	6
7	2	9	8	1	6	3	5	4

#544

4	2	6	9	3	7	1	8	5
7	9	3	8	5	1	6	4	2
1	8	5	6	4	2	9	7	3
5	1	9	3	7	4	8	2	6
8	6	2	1	9	5	4	3	7
3	4	7	2	6	8	5	9	1
6	7	1	4	8	3	2	5	9
2	3	8	5	1	9	7	6	4
9	5	4	7	2	6	3	1	8

#545

5	8	2	3	1	4	9	6	7
3	4	1	9	7	6	2	5	8
6	7	9	8	2	5	4	1	3
9	1	3	2	6	8	7	4	5
8	6	5	4	9	7	1	3	2
7	2	4	5	3	1	6	8	9
2	3	6	1	5	9	8	7	4
1	5	8	7	4	2	3	9	6
4	9	7	6	8	3	5	2	1

#546

7	2	9	3	5	8	6	4	1
1	8	4	6	2	9	3	7	5
5	6	3	7	1	4	8	9	2
4	9	1	5	6	7	2	8	3
8	5	2	9	4	3	7	1	6
6	3	7	2	8	1	4	5	9
9	7	5	4	3	2	1	6	8
2	4	8	1	9	6	5	3	7
3	1	6	8	7	5	9	2	4

#547

1	2	8	4	7	3	6	5	9
9	4	3	5	6	1	8	2	7
5	6	7	9	2	8	4	3	1
8	1	4	2	9	7	5	6	3
3	9	5	8	1	6	7	4	2
2	7	6	3	5	4	1	9	8
6	5	9	1	8	2	3	7	4
4	8	2	7	3	5	9	1	6
7	3	1	6	4	9	2	8	5

#548

6	7	9	2	8	1	3	4	5
3	2	5	6	4	9	7	1	8
4	1	8	5	3	7	2	9	6
1	5	7	3	6	8	9	2	4
9	6	3	4	1	2	5	8	7
8	4	2	7	9	5	1	6	3
2	8	6	1	5	3	4	7	9
7	3	4	9	2	6	8	5	1
5	9	1	8	7	4	6	3	2

#549

5	4	7	2	3	1	9	8	6
1	3	2	8	6	9	4	7	5
8	9	6	4	7	5	1	3	2
9	5	3	1	8	7	6	2	4
2	7	4	3	9	6	8	5	1
6	8	1	5	2	4	3	9	7
3	2	5	6	1	8	7	4	9
7	1	8	9	4	2	5	6	3
4	6	9	7	5	3	2	1	8

#550

6	8	1	2	4	3	9	5	7
3	2	9	5	8	7	4	6	1
7	5	4	9	1	6	8	2	3
5	9	2	3	7	1	6	4	8
4	1	6	8	9	2	7	3	5
8	3	7	6	5	4	1	9	2
2	7	3	4	6	8	5	1	9
9	6	8	1	2	5	3	7	4
1	4	5	7	3	9	2	8	6

习题六参考答案

#601

5	6	4	8	1	3	9	2	7
7	1	3	2	9	5	4	6	8
9	2	8	4	7	6	5	3	1
3	5	1	9	4	7	2	8	6
8	4	6	5	2	1	7	9	3
2	7	9	3	6	8	1	4	5
6	9	7	1	3	2	8	5	4
1	8	2	6	5	4	3	7	9
4	3	5	7	8	9	6	1	2

#602

9	4	8	6	5	1	7	2	3
1	5	7	9	3	2	6	8	4
3	6	2	8	7	4	9	1	5
7	3	6	5	2	9	1	4	8
5	2	1	4	8	6	3	9	7
4	8	9	3	1	7	2	5	6
2	1	3	7	4	8	5	6	9
8	9	5	2	6	3	4	7	1
6	7	4	1	9	5	8	3	2

#603

4	8	1	5	7	3	6	9	2
3	5	2	9	6	8	4	1	7
6	9	7	2	1	4	3	5	8
2	1	4	7	5	6	9	8	3
5	7	6	3	8	9	2	4	1
8	3	9	4	2	1	5	7	6
1	4	8	6	9	2	7	3	5
9	2	5	8	3	7	1	6	4
7	6	3	1	4	5	8	2	9

#604

1	2	8	9	7	6	4	5	3
3	5	9	4	1	2	8	7	6
7	6	4	5	3	8	1	2	9
6	9	2	1	8	7	3	4	5
4	8	7	3	2	5	6	9	1
5	1	3	6	9	4	2	8	7
2	4	5	7	6	1	9	3	8
8	3	6	2	5	9	7	1	4
9	7	1	8	4	3	5	6	2

#605

6	2	1	9	7	5	4	8	3
7	3	5	6	4	8	1	9	2
9	8	4	3	2	1	5	7	6
5	6	3	1	8	9	7	2	4
8	7	2	4	5	3	9	6	1
4	1	9	7	6	2	3	5	8
1	5	6	2	3	7	8	4	9
2	9	8	5	1	4	6	3	7
3	4	7	8	9	6	2	1	5

#606

8	7	6	4	9	2	3	5	1
3	4	1	6	8	5	7	2	9
5	2	9	1	3	7	4	6	8
9	3	5	8	6	4	1	7	2
6	1	2	9	7	3	5	8	4
7	8	4	5	2	1	6	9	3
2	5	3	7	1	8	9	4	6
1	6	7	2	4	9	8	3	5
4	9	8	3	5	6	2	1	7

#607

8	6	5	4	2	1	7	9	3
7	4	1	3	9	8	6	2	5
2	3	9	7	6	5	4	8	1
3	8	2	6	4	9	1	5	7
4	1	6	5	8	7	9	3	2
5	9	7	1	3	2	8	4	6
1	2	4	9	7	3	5	6	8
6	7	3	8	5	4	2	1	9
9	5	8	2	1	6	3	7	4

#608

1	6	5	8	4	9	7	2	3
3	8	4	6	7	2	1	9	5
7	2	9	3	5	1	8	6	4
4	7	1	9	3	5	2	8	6
6	9	2	7	8	4	3	5	1
5	3	8	2	1	6	9	4	7
9	4	7	1	6	8	5	3	2
8	1	6	5	2	3	4	7	9
2	5	3	4	9	7	6	1	8

#609

7	4	8	5	9	6	3	2	1
2	9	5	8	3	1	7	6	4
6	3	1	2	4	7	8	9	5
5	2	4	6	1	8	9	3	7
3	7	9	4	5	2	6	1	8
1	8	6	3	7	9	4	5	2
8	5	7	9	2	3	1	4	6
4	1	3	7	6	5	2	8	9
9	6	2	1	8	4	5	7	3

#610

4	8	3	1	6	5	9	7	2
9	7	5	2	4	3	6	1	8
2	1	6	8	7	9	4	3	5
3	9	2	6	8	7	5	4	1
5	4	8	9	3	1	2	6	7
7	6	1	4	5	2	8	9	3
1	3	4	5	2	6	7	8	9
6	2	9	7	1	8	3	5	4
8	5	7	3	9	4	1	2	6

#611

1	9	8	4	3	7	6	5	2
6	3	4	2	1	5	9	8	7
5	2	7	6	9	8	4	3	1
7	6	3	9	2	4	5	1	8
9	8	2	3	5	1	7	6	4
4	1	5	7	8	6	2	9	3
3	5	9	8	7	2	1	4	6
2	4	1	5	6	3	8	7	9
8	7	6	1	4	9	3	2	5

#612

8	4	2	5	7	3	9	1	6
9	6	1	8	2	4	5	7	3
5	3	7	6	1	9	4	8	2
3	8	5	9	4	6	1	2	7
6	1	4	2	8	7	3	5	9
2	7	9	3	5	1	8	6	4
1	2	3	4	6	5	7	9	8
4	5	6	7	9	8	2	3	1
7	9	8	1	3	2	6	4	5

#613

9	8	2	6	3	7	4	5	1
3	5	4	2	1	9	7	8	6
7	1	6	4	8	5	3	9	2
2	6	9	3	4	8	1	7	5
1	7	8	5	9	2	6	3	4
5	4	3	7	6	1	9	2	8
8	9	7	1	2	6	5	4	3
6	3	5	8	7	4	2	1	9
4	2	1	9	5	3	8	6	7

#614

7	4	5	1	9	6	8	3	2
1	2	8	5	3	7	4	6	9
3	9	6	8	4	2	1	5	7
4	1	7	3	8	5	9	2	6
2	8	3	6	1	9	7	4	5
6	5	9	2	7	4	3	8	1
5	7	1	4	2	8	6	9	3
8	3	2	9	6	1	5	7	4
9	6	4	7	5	3	2	1	8

#615

9	5	6	7	2	3	1	4	8
3	2	1	4	8	5	6	9	7
7	8	4	1	6	9	5	2	3
4	6	8	9	5	7	3	1	2
2	1	9	3	4	6	7	8	5
5	7	3	8	1	2	9	6	4
6	9	2	5	3	4	8	7	1
1	4	5	6	7	8	2	3	9
8	3	7	2	9	1	4	5	6

#616

6	9	2	3	8	7	1	5	4
3	4	5	1	6	2	9	8	7
7	8	1	4	9	5	6	2	3
4	1	3	7	5	6	8	9	2
2	7	9	8	4	1	3	6	5
8	5	6	9	2	3	7	4	1
9	3	4	5	7	8	2	1	6
5	2	7	6	1	9	4	3	8
1	6	8	2	3	4	5	7	9

#617

7	4	1	8	2	9	6	5	3
5	9	3	6	1	7	2	4	8
8	2	6	5	3	4	1	7	9
9	1	7	3	4	2	8	6	5
2	8	5	9	6	1	7	3	4
3	6	4	7	5	8	9	1	2
6	3	9	2	7	5	4	8	1
1	7	8	4	9	3	5	2	6
4	5	2	1	8	6	3	9	7

#618

4	3	6	9	1	5	7	8	2
8	5	1	7	2	3	9	4	6
7	9	2	8	6	4	1	3	5
6	2	7	5	3	9	8	1	4
1	8	9	2	4	6	5	7	3
3	4	5	1	8	7	2	6	9
9	6	8	4	5	1	3	2	7
5	1	3	6	7	2	4	9	8
2	7	4	3	9	8	6	5	1

#619

2	5	9	3	1	6	7	8	4
7	1	6	4	8	2	9	5	3
4	3	8	5	9	7	2	1	6
3	6	4	1	2	5	8	7	9
9	7	5	8	4	3	6	2	1
8	2	1	7	6	9	4	3	5
6	4	3	2	5	8	1	9	7
5	9	2	6	7	1	3	4	8
1	8	7	9	3	4	5	6	2

#620

6	1	9	4	8	5	3	7	2
3	7	4	1	2	6	9	8	5
8	5	2	9	7	3	4	1	6
1	2	5	8	4	9	7	6	3
9	3	7	6	1	2	8	5	4
4	8	6	5	3	7	2	9	1
5	6	3	7	9	4	1	2	8
7	4	8	2	6	1	5	3	9
2	9	1	3	5	8	6	4	7

#621

2	7	6	9	5	3	8	1	4
9	4	3	8	1	2	7	6	5
1	5	8	4	7	6	9	2	3
6	9	1	2	3	7	4	5	8
8	3	7	5	6	4	2	9	1
5	2	4	1	9	8	3	7	6
4	8	9	6	2	1	5	3	7
7	6	5	3	8	9	1	4	2
3	1	2	7	4	5	6	8	9

#622

4	8	6	9	5	3	2	1	7
3	2	9	7	4	1	5	6	8
5	1	7	6	2	8	3	9	4
9	3	5	4	8	2	1	7	6
1	6	8	3	7	5	9	4	2
7	4	2	1	9	6	8	5	3
8	5	1	2	6	7	4	3	9
2	7	4	5	3	9	6	8	1
6	9	3	8	1	4	7	2	5

#623

9	3	4	2	7	5	1	8	6
8	1	6	9	4	3	5	7	2
2	5	7	8	1	6	9	4	3
3	7	2	5	8	4	6	9	1
1	8	5	6	3	9	4	2	7
6	4	9	1	2	7	8	3	5
7	6	3	4	9	1	2	5	8
4	2	1	7	5	8	3	6	9
5	9	8	3	6	2	7	1	4

#624

5	4	6	3	2	1	8	7	9
1	2	7	4	8	9	5	3	6
3	9	8	5	7	6	1	2	4
8	1	9	6	5	2	7	4	3
7	6	3	1	9	4	2	5	8
2	5	4	8	3	7	6	9	1
9	3	5	2	1	8	4	6	7
4	8	2	7	6	3	9	1	5
6	7	1	9	4	5	3	8	2

#625

9	6	1	5	4	7	8	3	2
3	2	4	6	1	8	9	7	5
8	5	7	2	9	3	6	4	1
1	3	6	9	7	2	4	5	8
2	4	5	8	3	1	7	6	9
7	9	8	4	5	6	2	1	3
4	8	2	1	6	5	3	9	7
6	1	3	7	8	9	5	2	4
5	7	9	3	2	4	1	8	6

#626

6	2	5	7	3	8	9	1	4
8	7	4	9	1	6	5	3	2
1	9	3	4	5	2	6	8	7
9	5	8	3	7	1	4	2	6
7	3	2	6	8	4	1	9	5
4	6	1	2	9	5	3	7	8
5	8	7	1	6	3	2	4	9
2	1	9	5	4	7	8	6	3
3	4	6	8	2	9	7	5	1

#627

2	6	3	5	1	9	4	8	7
5	4	7	3	6	8	2	9	1
9	8	1	4	2	7	5	3	6
1	3	8	9	5	4	7	6	2
6	5	2	7	8	1	9	4	3
7	9	4	6	3	2	1	5	8
8	7	5	1	9	3	6	2	4
3	1	9	2	4	6	8	7	5
4	2	6	8	7	5	3	1	9

#628

2	7	4	3	6	1	8	5	9
5	6	8	7	4	9	3	2	1
3	9	1	5	8	2	6	7	4
7	4	5	6	9	8	2	1	3
6	8	3	1	2	7	4	9	5
9	1	2	4	3	5	7	6	8
1	3	9	8	7	6	5	4	2
8	2	7	9	5	4	1	3	6
4	5	6	2	1	3	9	8	7

#629

2	6	1	5	7	9	8	3	4
5	3	7	4	8	2	6	1	9
8	9	4	3	6	1	2	5	7
3	1	8	2	4	5	9	7	6
7	4	5	1	9	6	3	2	8
6	2	9	7	3	8	1	4	5
1	8	2	9	5	7	4	6	3
4	5	6	8	2	3	7	9	1
9	7	3	6	1	4	5	8	2

#630

9	6	1	7	8	5	2	4	3
2	7	3	4	1	6	5	9	8
8	5	4	2	3	9	1	7	6
1	2	6	9	4	3	7	8	5
7	9	5	8	2	1	6	3	4
3	4	8	5	6	7	9	2	1
6	8	7	3	5	2	4	1	9
5	3	2	1	9	4	8	6	7
4	1	9	6	7	8	3	5	2

#631

5	7	8	4	2	6	9	1	3
3	1	4	8	7	9	6	2	5
6	2	9	5	1	3	7	8	4
7	4	3	9	8	5	1	6	2
1	5	6	7	4	2	8	3	9
9	8	2	3	6	1	5	4	7
8	9	5	6	3	4	2	7	1
4	6	1	2	9	7	3	5	8
2	3	7	1	5	8	4	9	6

#632

9	8	3	5	2	6	1	4	7
1	5	4	3	7	8	6	2	9
6	2	7	4	1	9	3	5	8
8	6	1	7	5	2	4	9	3
7	4	5	8	9	3	2	6	1
2	3	9	6	4	1	8	7	5
4	9	2	1	8	7	5	3	6
5	1	6	9	3	4	7	8	2
3	7	8	2	6	5	9	1	4

#633

6	2	8	4	1	5	7	3	9
4	7	1	3	9	6	5	8	2
3	5	9	2	8	7	1	4	6
8	9	5	1	7	2	4	6	3
2	1	4	6	5	3	8	9	7
7	6	3	8	4	9	2	1	5
5	8	6	9	2	4	3	7	1
9	4	2	7	3	1	6	5	8
1	3	7	5	6	8	9	2	4

#634

2	3	6	5	1	8	4	9	7
9	7	8	3	2	4	6	5	1
4	5	1	9	7	6	2	8	3
7	2	3	8	6	9	1	4	5
8	6	9	1	4	5	3	7	2
1	4	5	2	3	7	9	6	8
5	1	7	4	9	3	8	2	6
3	8	4	6	5	2	7	1	9
6	9	2	7	8	1	5	3	4

#635

9	4	1	2	8	5	6	3	7
5	3	2	7	6	9	8	4	1
6	7	8	3	1	4	5	9	2
4	5	9	8	2	7	3	1	6
1	6	7	5	9	3	2	8	4
8	2	3	6	4	1	7	5	9
7	8	4	9	3	6	1	2	5
3	9	5	1	7	2	4	6	8
2	1	6	4	5	8	9	7	3

#636

3	7	5	8	1	4	9	2	6
1	2	4	5	9	6	3	8	7
8	6	9	3	7	2	5	4	1
2	5	3	7	8	9	6	1	4
4	9	7	6	2	1	8	3	5
6	1	8	4	5	3	7	9	2
7	4	6	2	3	8	1	5	9
9	3	2	1	6	5	4	7	8
5	8	1	9	4	7	2	6	3

#637

8	3	5	2	4	6	9	1	7
2	1	9	3	8	7	4	5	6
7	4	6	1	9	5	2	3	8
9	6	4	8	5	3	1	7	2
3	2	7	6	1	4	5	8	9
5	8	1	7	2	9	3	6	4
1	7	2	9	3	8	6	4	5
4	9	8	5	6	1	7	2	3
6	5	3	4	7	2	8	9	1

#638

8	6	9	2	5	3	4	1	7
2	7	1	4	6	8	9	5	3
5	3	4	7	1	9	6	8	2
1	8	3	9	2	4	7	6	5
4	2	5	3	7	6	8	9	1
6	9	7	5	8	1	3	2	4
7	5	8	6	3	2	1	4	9
9	1	2	8	4	7	5	3	6
3	4	6	1	9	5	2	7	8

#639

7	4	2	1	3	9	5	8	6
8	3	6	2	5	4	9	1	7
1	5	9	7	8	6	4	2	3
9	1	7	5	4	2	6	3	8
3	2	4	6	1	8	7	9	5
5	6	8	3	9	7	2	4	1
6	8	3	9	2	5	1	7	4
2	7	1	4	6	3	8	5	9
4	9	5	8	7	1	3	6	2

#640

1	6	4	5	9	7	8	3	2
5	7	3	1	8	2	9	6	4
2	9	8	4	3	6	7	5	1
7	4	2	9	5	1	3	8	6
9	8	5	2	6	3	1	4	7
3	1	6	7	4	8	5	2	9
8	3	9	6	1	4	2	7	5
4	5	7	3	2	9	6	1	8
6	2	1	8	7	5	4	9	3

#641

7	2	6	9	5	4	1	8	3
4	9	8	1	7	3	2	5	6
5	1	3	8	2	6	9	4	7
9	4	5	7	3	2	8	6	1
3	8	1	6	4	9	5	7	2
6	7	2	5	1	8	4	3	9
8	3	4	2	6	1	7	9	5
2	6	7	4	9	5	3	1	8
1	5	9	3	8	7	6	2	4

#642

2	8	9	7	6	4	3	1	5
3	7	6	8	5	1	9	2	4
4	5	1	9	2	3	7	6	8
7	9	5	3	8	6	1	4	2
8	1	4	5	9	2	6	3	7
6	3	2	1	4	7	5	8	9
9	4	7	6	3	8	2	5	1
1	6	8	2	7	5	4	9	3
5	2	3	4	1	9	8	7	6

#643

2	7	6	9	5	3	8	1	4
9	4	3	8	1	2	7	6	5
1	5	8	4	7	6	9	2	3
6	9	1	2	3	7	4	5	8
8	3	7	5	6	4	2	9	1
5	2	4	1	9	8	3	7	6
4	8	9	6	2	1	5	3	7
7	6	5	3	8	9	1	4	2
3	1	2	7	4	5	6	8	9

#644

9	6	8	2	7	3	5	1	4
3	2	5	1	4	8	7	6	9
4	1	7	5	6	9	8	2	3
8	3	2	6	9	5	1	4	7
6	5	4	7	3	1	9	8	2
7	9	1	8	2	4	3	5	6
2	8	3	4	1	7	6	9	5
1	4	9	3	5	6	2	7	8
5	7	6	9	8	2	4	3	1

#645

8	7	4	5	1	2	3	9	6
9	6	5	8	3	4	1	2	7
3	1	2	9	7	6	4	5	8
2	8	1	6	5	3	9	7	4
5	9	7	4	8	1	6	3	2
6	4	3	7	2	9	8	1	5
1	5	8	3	6	7	2	4	9
4	3	6	2	9	5	7	8	1
7	2	9	1	4	8	5	6	3

#646

6	2	8	7	4	1	3	5	9
9	1	4	3	8	5	6	7	2
5	7	3	2	9	6	1	4	8
4	3	7	8	1	2	5	9	6
1	5	6	9	3	4	2	8	7
2	8	9	6	5	7	4	3	1
7	9	1	4	6	3	8	2	5
8	4	5	1	2	9	7	6	3
3	6	2	5	7	8	9	1	4

#647

9	5	4	7	3	1	8	6	2
3	2	8	6	5	4	1	7	9
6	7	1	2	8	9	4	5	3
8	6	2	1	7	3	9	4	5
5	3	7	9	4	8	6	2	1
1	4	9	5	6	2	7	3	8
4	9	3	8	2	7	5	1	6
7	8	6	3	1	5	2	9	4
2	1	5	4	9	6	3	8	7

#648

3	1	7	8	5	9	6	4	2
5	2	8	7	4	6	1	3	9
9	4	6	2	3	1	5	8	7
1	6	5	4	7	2	3	9	8
4	9	3	5	6	8	2	7	1
8	7	2	1	9	3	4	5	6
6	5	4	9	1	7	8	2	3
7	8	1	3	2	4	9	6	5
2	3	9	6	8	5	7	1	4

#649

6	2	9	8	7	4	3	5	1
7	5	4	6	1	3	8	9	2
1	3	8	2	5	9	4	7	6
4	7	5	3	8	1	6	2	9
9	1	3	4	6	2	5	8	7
2	8	6	5	9	7	1	4	3
3	4	1	7	2	5	9	6	8
8	9	2	1	4	6	7	3	5
5	6	7	9	3	8	2	1	4

#650

6	4	1	3	7	2	9	8	5
5	2	7	8	6	9	3	1	4
8	3	9	4	1	5	6	2	7
7	6	4	9	8	3	1	5	2
2	9	3	7	5	1	4	6	8
1	5	8	6	2	4	7	3	9
4	1	6	2	9	8	5	7	3
3	7	2	5	4	6	8	9	1
9	8	5	1	3	7	2	4	6